Bernhard Heinz Witzsch

DER BRAND

EINE NIEDERLAUSITZER LANDSCHAFT MIT TRADITION UND ZUKUNFT

ZWEITE ÜBERARBEITETE AUFLAGE

Bibliografische Information der Deutschen Nationalbibliothek:
Die Deutsche Nationalbibliothek verzeichnet diese Publikation in der Deutschen Nationalbibliografie; detaillierte bibliografische Daten sind im Internet über http://dnb.dnb.de abrufbar.

Redaktionsschluss: 31.08.2021, 15910 Freiwalde

Herstellung und Verlag: BoD - Books on Demand, Norderstedt

ISBN: 978-3-7543-4602-0

Inhalt

Vorwort zur zweiten überarbeitenden Auflage 5

1. Eine Landschaft stellt sich vor 6

2. Blick in längst vergangene Zeiten 12

    2.1. Recht und Gesetz 14

    2.2. Grenzgedanken 19

    2.3. Die Schäfereien 21

    2.4. Toter Mann und Hungriger Wolf 24

    2.5. Die Heer- und Handelsstraße über den Brand 29

    2.6. Der Bahnhof Brand im Wandel der Zeiten 35

    2.7. Anmerkungen zu Jagd und Waldwirtschaft 39

3. Die militärischen Hinterlassenschaften auf dem Brand 46

    3.1. Krieg und Verwüstung 46

    3.2. Der deutsche Flugplatz 49

    3.2. Der sowjetisch russische Flugplatz 54

4. Konversion auf dem Brand und seine heutige Nutzung 70

    4.1. Das Asylbewerberheim 70

    4.2. Rückbau und angedachte Sanierung.. 71

    4.3. Brücken-, Straßenbau und Grundwasser.. 74

    4.4. Betonwerk Brand... 77

    4.5. CargoLifter – ein unverwirklichter Traum 78

    4.6. Tropical Islands – Die Chance für den Brand..................................... 83

    4.7. Der Landkreis investiert... 88

5. Wandern und Radfahren auf und um den Brand 89

6. Abbildungsverzeichnis 93

7. Literaturverzeichnis 93

Vorwort zur zweiten überarbeitenden Auflage

Die Veröffentlichung der ersten Auflage im Jahre 2012 gab den damaligen Kenntnisstand zum und über die Landschaft des BRAND wieder. Das Interesse an der kleinen Broschüre war über die Jahre recht hoch und führte durch zahlreiche Einlassungen und der Erschließung weiterer archivalischen Quellen zu der Einsicht, dass eine Überarbeitung notwendig wird. Vor allem die persönlichen Erinnerungen von Lesern lassen das Leben und Arbeiten stärker in den Vordergrund treten. Im Brandenburgischen Landeshauptarchiv konnten weitere Dokumente erschlossen werden. Auch die Einsichtnahme in mehrere Materialsammlungen und Einzelveröffentlichungen war von großem Wert. Durch diesen gewachsenen Wissensfundus konnten vor allem die Angaben zu den Besitz- und Nutzungsverhältnissen, dem Bahnhof Brand, zur militärischen Inanspruchnahme und deren Konversion ergänzt werden. Viele dieser Erkenntnisse fanden bereits ihren Niederschlag in meinen themenbezogenen Einzelveröffentlichungen und Vorträgen. Mit der Überarbeitung der Broschüre habe ich den Versuch unternommen, den mir gegenwärtig bekannten Wissensstand gerecht zu werden. Eng damit verbunden war eine Überarbeitung und Ergänzung der eingefügten Abbildungen und Fotos.

Bernhard Heinz Witzsch
Freiwalde, 31. August 2021

1. Eine Landschaft stellt sich vor

Südlich von Berlin liegt zwischen dem Unterspreewald, der kleinen märkischen Stadt Golßen und den Krausnicker Berge der BRAND. Die Vielfalt der Landschaft ist beeindruckend. Neben dem Wald, heute hauptsächlich aus Kiefern bestehend, prägen die eiszeitlich entstandenen kleinen Heideseen, der zunehmend verlandende Luchsee und der Wehla-Berg dieses Stück brandenburgischer Erde. Wanderungen und Radtouren bieten sich auf einem gut ausgebauten Wegenetz an. Dazu gesellen sich mehrere interessante Orte mit ihren Sehenswürdigkeiten und einer bodenständigen Gastronomie. Groß Wasserburg, Köthen, Briesen und Krausnick sind schon lange beliebte Urlaubsorte und Ausgangspunkte für Aktivitäten naturverbundener Zeitgenossen. Ab 2004 prägt Tropical Islands das Antlitz der Landschaft Brand.
Bereits aus der Bronzezeit sind Siedlungsnachweise vorhanden. Ein Urnengrab mit seiner reichhaltigen Ausstattung in der Nähe von Krausnick belegt die Anwesenheit der sogenannten Lausitzer Kultur über einen längeren Zeitraum.
Der Brand, keiner kann so richtig sagen wann und warum diese Landschaft so benannt wurde. Wie immer in derartigen Fällen gibt es unterschiedliche Interpretationen: Waren es Brandrodungen der Siedler, gaben Schäfer diesem Fleckchen Erde seinen Namen, oder bezeichneten die adeligen Standesherren von Krausnick, Waldow, Briesen und Oderin diesen Landstrich einfach so? Soviel ist jedenfalls klar, das ehemalige Grenzland zwischen Sachsen und Preußen wird seit mehreren Jahrhunderten der BRAND genannt. Heute kennen wir ihn nur großflächig bewaldet. Bis in die Mitte des 19. Jahrhunderts herrschte dagegen eine karge Heidelandschaft vor. Bereits weit vor dem 17. Jahrhundert bestanden keine großflächigen Waldungen mehr zwischen Unterspreewald und Fläming. Die intensiv betriebene Weidewirtschaft, Rodungen zur Gewinnung von Ackerland und die extensive Holznutzung schufen im Mittelalter riesige waldfreie Gebiete in ganz Deutschland. Einem solchen Eingriff in die Natur sind auch die einst vorhandenen Kiefern-, Stieleichen-, Birken- und Hainbuchenbestände auf dem Brand zum Opfer gefallen. Nach ALWIN ARNDT gab es nur noch an den Randzonen etwas Baumbestand. Waldweide verstärkte diesen Prozess noch zusätzlich. Solche Eingriffe in die Natur hinterließen eine Heidelandschaft mit vereinzelten lichten Baum- und Strauchgruppen von Ginster, Wacholder, Birken und wenigen Eichen und Kiefern. Die Karten der Landvermesser ÖDER und ZIMMERMANN[1] von 1586 bis 1614 im Auftrage des sächsischen Kurfürsten und der Besitzer der Herrschaft Baruth erstellt, bestätigen den geschilderten damaligen Zustand. Im Mittelalter war der Wald ja Rohstofflieferant Nummer eins. Deshalb war die Erfassung des Waldbestandes für ihre Besitzer so bedeutsam und im Ergebnis auch gewinnbringend gewesen. Interessant ist in diesem Zusammenhang auch die von RUDOLF LEHMANN in seinem Beitrag „Brandenburg-Preußen und die Niederlausitz" wiedergegebene Karte des „Krumspreeischen Kreises oder Lübbenische".[2] Auf dieser Karte des 17. Jahrhunderts ist zwischen den Dörfern Köthen, Krausnick, bis hin nach Teupitz kein Wald eingezeichnet. Nur die Krausnicker Berge waren mit einem lichten Baumbestand ausgewiesen. Das bestätigt auch eine weitere sächsische Karte aus

der ersten Hälfte des 18. Jahrhunderts.

Erst nach der Separation und der damit verbundenen Ablösung der Hutungsrechte, erfolgte eine verstärkte forstwirtschaftliche Nutzung. Aufforstung mit der allgegenwärtigen Kiefer war ab ca. 1850 das Gebot der Zeit. Die Kiefer kann ab da für die Brandenburger Forstwirtschaft als der Brotbaum definiert werden.

Gleich hinter den zur Gemarkung von Groß Wasserburg gehörenden Heideseen, mit dem etwas abseits gelegenen Luchsee nahe bei Krausnick und den beiden Seen vor Oderin und Briesen liegt der Brand, wie von ihnen umrahmt. An seinen Rändern finden wir die Dörfer Schönwalde, Krausnick, Groß Wasserburg, Köthen, Oderin, Briesen, Staakow, Rietzneuendorf und Waldow bei Brand. Fast könnte man annehmen, dass das Synonym von der „Brandenburgischen Streusandbüchse" hier geprägt wurde. Ein Stück Endmoräne, also die Krausnicker Berge, den westlich vorgelagerten Sanderflächen, auf denen sich der eigentliche Brand befindet, sind Überbleibsel der vor 20.000 Jahren endenden letzten Eiszeit. Ein 500 bis 1.000 Meter dicker Eispanzer bedeckte ca. 500.000 Jahre diesen Landstrich. Das Baruther Urstromtal schließt im Westen an. Nach heutigem Erkenntnisstand wurden die Krausnicker Berge und der Sander durch mehrmalige Gletschervorstöße gebildet. Nur dadurch konnten sich die kleinen Seen mit dem größeren Köthener See bilden. Der letzte Gletschervorstoß schuf dann das heutige Landschaftsbild. Aus zwei Gletschertoren ergossen sich gewaltige Schmelzwasserflüsse. Ein Tor lag in Höhe des heutigen Luchsee und das Zweite in der Nähe des späteren Bunten Stieles. Damit wird auch erkennbar, die heutigen Krausnicker Berge, haben bei dem letzten Gletschervorstoß bereits bestanden. Wer dem alten Fahrweg von Krausnick nach Märkisch Buchholz folgt, bemerkt zwischen Luchsee und Bunten Stiel einen sehr kräftigen Landschaftsanstieg. Sandablagerungen trennte somit die Abflussrichtung der Schmelzwasser. Einmal floss das Schmelzwasser in Richtung des Baruther Urstromtales und der zweite Schmelzwasserstrom ergoss sich in Richtung des heutigen Köthener Sees. Übrig geblieben sind die Heideseen und ein Kesselmoor mit dem Luchsee. Immer wieder begegnet uns Sand auf dem Brand. Woraus besteht er eigentlich und woher stammt er? Feldspat, Quarz und Glimmer das vergesse ich nimmer, so lernten Generationen von Schülern die Bestandteile des Sandes auch in den Schulen der Branddörfer. Je mehr Quarz in den Sedimenten enthalten ist, umso heller werden sie. Deshalb auch die häufig sehr helle Farbe des feinen Sandes. Aus dem Norden Europas brachten die Gletscher Felsgestein mit, zermahlten es unterwegs und lagerten das dabei entstandene Ergebnis, den Sand, auch hier ab. Eiszeitliche Sedimentablagerungen bilden somit den Brand. Unübersehbar erheben sich diese Sedimente in Form der Krausnicker Berge über den angrenzenden Unterspreewald. Aus allen Richtungen fällt der Blick auf den 144 m hohen Wehla-Berg mit seinem neuen Funk- und Brandbeobachtungsturm, einem 2003 übergebenen Aussichtsturm und dem alten Feuerwachturm aus DDR-Zeiten. Wer den Aussichtsturm ersteigt, was für ein Rundblick bietet sich ihm dann: Vom Neuendorfer See über Märkisch Buchholz, den Brand bis Oderin und Briesen schweift das Auge und endet schließlich bei der Tropical Islands Halle.

Kiefern, Kiefern, Kiefern - soweit das Auge blickt

Bei der Bevölkerung waren der Brand und die Krausnicker Berge bis zum Ende der Separation zwei voneinander getrennte Landschaftsteile. Begünstigt wurde diese Sichtweise auch durch den bis 1815 bestehenden Grenzverlauf zwischen Sachsen und Preußen. Nach der Separation erfolgte eine Nutzungsänderung. RIEHL & SCHEU beschrieben diesen Vorgang 1861 wie folgt: „Von dem Landstriche, der Brand genannt, ist erst ein geringer Theil durch Forstanpflanzung cultiviert; doch ist nach jetzt vollendeter Separation der ganzen Fläche der vollständige Anbau während der nächsten Jahre zu erwarten."[3] Mittels einer großflächigen Aufforstung vom Brand wurde die räumliche Trennung im Bewusstsein der Bevölkerung langsam zurückgedrängt. Heute wird der Brand und die Krausnicker Berge als eine zusammenhängende Landschaft betrachtet.

Die in der Mitte des 19. Jahrhunderts gebaute Eisenbahnstrecke Berlin – Cottbus – Görlitz und eine in den 30er Jahren des letzten Jahrhunderts entstandene Autobahn begrenzt dieses Gebiet am deutlichsten in westlicher Richtung. Die Bahnstation bei Briesen und Staakow erhielt den Namen Brand verliehen. Sie war für die umliegenden Dörfer von großer Bedeutung und auch ein Impuls für deren wirtschaftliche Entwicklung. Mit der Bahn erreichten die Bauern ihre traditionellen Märkte in Berlin noch schneller. Damals war der Bahnhof Brand ein bedeutender Umschlagplatz für alle möglichen landwirtschaftlichen Erzeugnisse. 1958 lebten in dem Flecken Brand 52 Einwohner.[4] Die Angaben betrafen die paar Häuser rund um den Bahnhof. Ursprünglich wurde der rasche Bau der Berlin - Görlitzer - Eisenbahn unter militärischen Prämissen gefördert und letztendlich gebaut. Schließlich stand eine militärische Auseinandersetzung zwischen Preußen und Österreich um die Vorherrschaft in Deutschland auf der Tagesordnung. Schlesien und Böhmen konnten so schneller erreicht werden. Später erfolgte ein gezielter Ausbau der Gleisanlagen gemeinsam mit der Einrichtung des deutschen Flughorstes 1936/38. Die alten Gleisanlagen zeugen von einem regen Güter- und Personenzugverkehr.

Erst mit der 2011 beendeten Modernisierung der Bahnstrecke erfolgte der Rückbau der Gleise im Bahnhofsbereich.

Die Region rund um den Brand wurde und wird hauptsächlich von Landwirtschaft geprägt. Großflächige Weidewirtschaft um die Dörfer Krausnick, Groß Wasserburg, Köthen oder Briesen, Ackerbau zwischen Rietzneuendorf, Waldow und bis hin nach Schönwalde zeugen auch heute noch vom Bauernfleiß. In den Jahren nach 1989 entwickelt sich der Tourismus immer stärker zu einem wichtigen ständig wachsenden Wirtschaftszweig. Tropical Islands und der Unterspreewald sind heute bekannte und anerkannte Urlaubs- und Erholungsziele Deutschlands. Erwähnt werden muss, dass bereits vor über 100 Jahren die ersten "Sommerfrischler", so bezeichnete man damals die Urlauber und Wanderer, Entspannung und Erholung in den Dörfern am

Rand vom Brand suchten. Angeln und Wandern waren hauptsächlich angesagt. Diese Entwicklung hielt bis zum Ausbruch des II. Weltkrieges an. Geheim wurde der Brand erst später. Der Ausschnitt des Messtischblattes 3948 Oderin zeigt den Brand nach seiner Aufforstung. Auch die „alte Grenze" zwischen Sachsen und Preußen ist an dem Weg zwischen „Hungriger Wolf" und „Neuschenke" deutlich auszumachen.

Auch darauf soll hingewiesen werden, in Folge der einsetzenden massiven militärischen Nutzung begann eine verwaltungsmäßige, wirtschaftliche und demografische Umprofilierung der angrenzenden Orte. Eine solche Entwicklung, mit den dadurch entstandenen unterschiedlichen Interessen, führte letztendlich auch zu einem zeitweisen Auseinanderleben der Bevölkerung rund um den Brand. Hinzu kam, dass mit dem Bau der Autobahn eine direkte Zufahrt von den Dörfern Waldow bei Brand, Rietzneuendorf und Friedrichshof stark behindert war. Vor allem nach dem II. Weltkrieg entwickelte sich dieses Gebiet, fast könnte man sagen, wieder zum Grenzland. Jetzt allerdings zwischen den 1952 geschaffenen DDR-Bezirken Potsdam und Cottbus. Drei Kreise, Königs Wusterhausen, Luckau und Lübben teilten sich damals die Region verwaltungsmäßig unter sich auf. Wobei der Kreis Lübben den größten und bedeutendsten Teil innehatte. Schließlich lag ja der sowjetische Flugplatz mit seiner bereits vorhandenen und sich ständig verstärkenden militärischen Präsenz auf seinem Territorium. Nach dem Beitritt der DDR zur BRD und der Neubildung des Landes Brandenburg haben sich die Kreisstrukturen wieder geändert. Der aus den Kreisen Lübben, Luckau und Königs Wusterhausen entstandene Landkreis Dahme-Spreewald ist nun für den gesamten Brand zuständig. In den Ämtern Unterspreewald und Schenkenländchen sind jetzt die Dörfer des Brands eingeordnet. Administrative Entscheidungen und Angleichungen an Verwaltungsstrukturen, wie sie in den alten bundesdeutschen Partnerländern bereits vorhanden waren, prägten die verwaltungsmäßigen Änderungen ab 1991. Petitionen und persönliche Vorsprachen einiger Gemeinden beim damaligen brandenburgischen Innenminister zur Wiederbelebung von einstig preußischen Verwaltungsstrukturen blieb somit ein Erfolg versagt. Viele Menschen fühlten sich damals von diesen Verwaltungsakten regelrecht ausgegrenzt und übergangen. Die militärische Nutzung des Brands war spätestens 1992 mit dem Abzug der GUS-Streitkräfte beendet. Konversion war angesagt. Mit CargoLifter sollte ein wirtschaftlicher Neubeginn in der Region gestartet werden. Leider blieb der erwünschte Erfolg aus. Was blieb, eine riesige Halle, die täglich Unsummen an öffentlichen Geldern zur Bestandssicherung schluckte. Erst als Tropical Islands, der nachfolgende Investor, sein Tropen-Paradies in der verwaisten riesigen Halle einrichtete, begann eine sich immer weiter intensivierende Neunutzung und Fortführung der begonnenen Konversion auf dem ehemaligen Militärstandort. Heute wird der Brand mit dem an ihn grenzenden Unterspreewald als eine touristische Einheit gesehen. Abschließend Zitate von AUGUST TRINIUS aus dem Jahre 1887 über den Brand: „Vor uns die fette Fruchtbarkeit der Wiesen und da oben die dürre, unwirthbare Wüstenei: jene trostlose Einöde des Brand, dessen meilenweite Sandwellen nur sommerlang, wenn das Heidekraut in Blüthe steht, von Schaaren fleißiger Bienen belebt sind. Der Brand hat keine Geschichte. Der Feind ging unten vorbei. Doch in dem Namen seiner Ansiedlungen und Haideschenken: ‚Der hungrige Wolf' und ‚der Todtemann' liegen genug Romantik und Grusel-Novelistik."[5] Zumindest bezeugt diese Schilderung eine gewisse Ortskenntnis und die Geländebeschreibung vom Brand mag ja noch angehen. In einem irrte der alte TRINIUS dann aber doch: Der Brand ist bestimmt kein geschichtsloser Landstrich gewesen und wird es künftig auch nicht sein.

2. Blick in längst vergangene Zeiten

Ein Blick in die Vergangenheit ist immer die Beantwortung der Fragen nach dem 'Woher und Wohin'. So verhält es sich auch mit der Landschaft vom Brand und der um ihn lebenden Menschen. Dieses Stück brandenburgische Erde macht deutlich, dass die Bewohner der umliegenden Dörfer seit Jahrhunderten vom und mit dem Brand lebten, sie in seine landschaftliche Gestaltung aktiv eingegriffen haben. Im Vordergrund stand dabei immer eine wirtschaftliche Nutzung. Der Blick in diese längst vergangenen Zeiten veranschaulicht das recht deutlich. Dieser Landstrich gehörte einstmals zur Herrschaft Golßen und wurde zu dieser Zeit auch die „Golßensche Heide" genannt. Mit der Zeit hat sich aber die Bezeichnung 'Brand' durchgesetzt. Ein dünn besiedeltes Grenzland war es, gelegen zwischen den ehemaligen Kurfürstentümern und späteren Königreichen Sachsen und Preußen. Der sächsische Teil der Niederlausitz kam erst im Ergebnis des Wiener-Kongresses ab 1815 zu Preußen. Das betraf vor allem die Orte Oderin, Briesen, Rietzneuendorf, Waldow, Schönwalde mit ihrer direkten Lage am Brand. Seine geografische Lage in einem ehemals wendischen Siedlungsgebiet liegend, die in den Branddörfern vorherrschenden Eigentums- und Herrschaftsverhältnisse, sich daraus ergebenden Problemen zwischen den einzelnen adligen Grundherren sorgen aus heutiger Sicht für eine differenzierte Betrachtungsweise des damaligen Lebens auf und um den Brand. Nicht immer kam er dabei gut weg. Hauptsächlich die Geltendmachung von Nutzungsansprüchen bestimmten über einen längeren Zeitraum, zumindest bis zum Aufkauf einiger Güter durch Wilhelm I. im ersten Viertel des 18. Jahrhunderts, die regionalen Gerichte. Ansiedlungen, wie etwa Dörfer, gab es auf dem eigentlichen Brand nicht.

Schäfereien deckten deshalb den Bedarf für eine Weidenutzung völlig ab. Selbst die Bestrebungen der preußischen Könige Kolonisten anzusiedeln konzentrierten sich daher auf seine Randgebiete. So wurde der Brand von BERGHAUS in seinem Standardwerk über die Mark Brandenburg wie folgt beschrieben: "... war der Brand um die Mitte des vorigen Jahrhundert eine wüste Fläche, 500 - 600 Morgen groß, umgeben von der Gemarkung der Rittergüter Staakow, Briesen, Oderin, Rietzneuendorf, Waldow und den Dörfern Krausnick und Schönwalde. Das Gelände wird nur zur Hutung benutzt und im Herbst werden die Bienen des Heidekrautes wegen hingebracht."[6] Rechnen wir also die Angaben von BERGHAUS um die beschriebenen einhundert Jahre zurück, dann trifft seine Schilderung auf die Zeit um 1750 zu. Als eine wüste Fläche würden wir sie heute sicherlich nicht bezeichnen. Aufgrund der seit mehreren Jahrhunderten andauernden Nutzung als Weideland für Rinder, Schafe und Ziegen würden wir es auch als solches bezeichnen. Die Weidenutzung begünstigte den flächendeckenden Bewuchs mit robustem Heidekraut. Wacholder- und Ginstersträucher, vereinzelte Stieleichen und die genügsamen einheimischen Kiefer bildeten kleine Bauminseln auf den sonst recht sandigen und trockenen Flächen des Sanders. Nur in der Nähe der heutigen Krausnicker Berge und direkt auf ihnen war ein stärkerer Baumbewuchs anzutreffen.

Direkte Wege führen bzw. führten von den angrenzenden Dörfern direkt zu den Weideflächen und verbanden darüber hinaus auch die Dörfer untereinander. Schließlich musste das Vieh in seine Weidegründe getrieben werden. Auf einer Verwaltungskarte des Kreises Lübben aus dem Jahre 1952, übrigens als „Nur für den Dienstgebrauch" gekennzeichnet, waren all diese Wege noch eingezeichnet. In späteren Jahren erschienen dann auf den Landkarten grüne Flächen mit viel Wald. Ein großer Teil war ja militärisches Sperrgebiet.

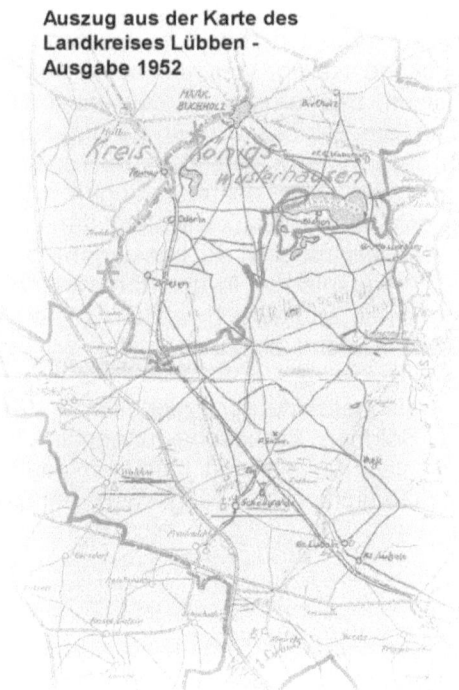

Auszug aus der Karte des Landkreises Lübben - Ausgabe 1952

Das allgemeine Recht der Nutzung als Hutung wurde erst in Durchsetzung der Steinschen Reformen mit der Bauernbefreiung in Preußen, lt. Edikt vom 9. Oktober 1807, und dann endgültig mit der Separation bis ca. 1850 aufgehoben. Es hinderte die Bauern aber nicht, dieses Gebiet auch weiterhin für ihre Belange und Erfordernisse zu nutzen. Besonders in Notzeiten, so nach Dürreperioden und Hochwasserkatastrophen bzw. den beiden Weltkriegen wurden die Wälder des Brands sehr ausgeprägt zur Bau- und Brennholzgewinnung genutzt. Selbst der feine Sand fand seine Verwendung beim Häuserbau. Es wurde auf den Brand und in die Krausnicker Berge gefahren, um Kies und Holz zu holen. Seit Beginn des 19. Jahrhunderts änderte sich auch die Tierhaltung. Besonders durch die Ablösung der Hutung verstärkte sich der Trend zur Stallhaltung von Rind und Schwein. Das Vieh musste in den Ställen trockenstehen. Stroh als Einstreu fehlte in Notzeiten vielfach, also wurde Einstreu aus dem Wald geholt. Besonders das Einstreusammeln ist argwöhnisch von den Förstern beobachtet und verfolgt worden. Die ohnehin dünne Humusschicht auf dem nährstoffarmen sandigen Waldboden ist ja dadurch geschädigt worden. Also Kontrolle und dagegen einschreiten war notwendig. Beispielgebend seien Vorkommnisse aus den Jahren 1908 und 1910 angeführt. Ein Kleinbauer und sechs Bauersfrauen aus Groß Wasserburg bei „... Nadelstreu entwenden ..."[7] durch den Forstaufseher gestellt und beim Revierförster zur Anzeige gebracht. Quirle für den bäuerlichen Haushalt entstanden aus den Spitzen junger Kiefern. Dieses sogenannte Quirlschneiden stand gleichfalls unter Strafe. Maßnahmen für den Naturschutz waren also auch damals in Teilen erkannt, nur die Methoden zu seiner Durchsetzung sind doch sehr drakonisch und wenig einfühlsam gewesen. Der Abbau eiszeitlich entstandener Lehmlinsen, hauptsächlich für den Eigenbedarf der Bauern, ist ein weiteres Beispiel der Nutzung vorhandener natürlicher Ressourcen. Etliche Gruben in den Krausnicker Bergen werden auch heute noch als ‚Lehmkieten‘ bezeichnet. Beispielgeben seien die hinter Groß Wasserburg, direkt am Weg zur Neuen Schenke liegenden, erwähnt. Fachwerk war über Jahrhunderte die gängigste Bauweise für Wohn- und Stallgebäude, und dazu brauchte man Lehm. Auch die Tennen der Scheunen bestanden aus einer ca. 20 cm starken Lehmschicht. Auf dieser harten Schicht lies sich das Getreide in den Wintermonaten recht gut ausdreschen. Doch mit der schrittweisen Schaffung von Wirtschaftswald änderte sich auch das Nutzungsverhalten der Bauern. Wer schädigt schon gern sein Eigentum? Das trockene Reisig, welches beim Holzeinschlag anfiel, kam in den Backöfen zum Anheizen. Besenreiser wurden geschnitten und Kienholz gehauen. Wirtschaftswald deshalb, die Besitzer von Grund und Boden waren nach der Aufgabe der Weidewirtschaft daran interessiert, dass ihr Eigentum Gewinn abwarf und somit ihre Familien mit ernährten. Rasche Aufforstungen, wie zu Zeiten nach dem II. Weltkrieg, schufen wieder großflächige Bauernwaldbestände. Es galt, die entstandenen Kriegsschäden so schnell wie möglich zu beseitigen. Damit verbunden war auch die Schaffung von vielen Arbeitsplätzen in der Forstwirtschaft. Frauen und Männer fanden dort in dieser industriell strukturschwachen Region ihr Auskommen. Also Kiefern, Kiefern und nochmals Kiefern, ein Anblick, den wir auch heute noch kennen.

Friedlich ist es in diesem Fleckchen brandenburgischer Erde auch nicht immer zugegangen. Durchziehende Heere, marodierende Söldner, Brandschatzungen im Verbund mit verheerenden und todbringenden Schlachten bis weit hinein in das 20. Jahrhundert hinterließen bleibende Spuren im Gedächtnis der Menschen, im Sand und in den Dörfern.

2.1. Recht und Gesetz

Wie bereits mehrfach erwähnt, der Brand war Grenzland und somit blieb nicht immer alles auf dem geraden Pfad von Recht und Ordnung. Es gab manchen Rechtsstreit um dieses Fleckchen märkische Erde. Das Recht des Stärkeren bzw. seine ‚hohe Geburt' war vielfach ausschlaggebend für den Ausgang derartiger Rangeleien. Die Grundherren rund um den Brand fochten so machen Streit untereinander oder gegen die Bürger der Stadt Buchholz und Bauern in den Dörfern aus. Also mussten sich häufig die Gerichte mit derartigen Nachbarschaftsstreitigkeiten beschäftigen. Apropos Nachbarschaftsstreit kommt uns das nicht auch heute noch irgendwie bekannt vor? Damals für ein Grenzland etwas ganz Normales. In einschlägigen Protokollen ist deshalb mehrfach von Klagen, Sicherung von Besitzansprüchen und Pfändungen die Rede. In der Folge ein paar ausgewählte Rechtsstreite:

So wird ein Friedrich von Oppen aus Krausnick benannt, der anlässlich eines Rechtsstreites im Jahre 1700 das Recht der Gemeinschaftshutung auf dem Brand für die umliegenden Ortschaften ausdrücklich bestätigt. Gleichzeitig stellte er in seinem Handbuch fest, "Seine Gutsgrenze ist zugleich Landesgrenze"[8] und daher auch nicht sicher. Von Höhe des späteren Bunten Stieles bis hin zur Wasserburger Spree verlief die sächsisch-preußische Grenze hart um Krausnick herum. In seinem gewissenhaft geführten Hausbuch führte er uns recht anschaulich seine Sorgen und die seiner Untertanen vor Augen. Von Oppen schrieb also am 29. Dezember 1700 an die Oberamtsregierung in Lübben bzgl. seines Rechtsstreites: „Es liegt unfern von meinem Dorfe Krausnick eine mit Heidekraut bewachsene Feldmark, der Brand genannt. Hierauf haben die darum liegenden und angrenzenden Dörfer, sowohl sächsische und brandenburgische Dörfer, wie Krausnick, Wasserburg, Oderin, Briesen, Rietzneuendorf, Waldow und andere mehr, mit ihrem Rind- und Schafvieh der gemeinsamen Hutung ungehindert und Widered Gebrauch gemacht." Ein Stück weiter schreibt er: „Es ist an dem, dass von undenklichen Jahren und weit über Menschengedenken auf dem sogenannten wüsten Orte, der Brand genannt, 3, 4 – 5 und mehr Herden sind dort zusammengekommen. Die Hirten haben Feuer gemacht und bei itziger Zeit sich um das Feuer gelegt und gewärmt. Es ist niemand gekommen, der pfänden wollte." Als Zeugen benannte er den Girge Kuligk, 90 Jahre alt und den Schlächter Melchior Fischer, beide aus Krausnick[9] letztendlich handelte der Rechtsstreit darum, dass die Gebrüder von Stutterheim auf Waldow und Rietzneuendorf ein Schaf aus der Oppenschen Herde gepfändet haben. Da die Beschuldigten Adlige aus dem Königreich Sachsen waren, musste er sich also an das nächste sächsische Gericht wenden. Das befand sich damals nun einmal in Lübben. Eigentlich kein hoher Wert, vielmehr ging es dem Oppen um die Sicherung seiner althergebrachter Rechte für die Nutzung auf dem Brand und eine offizielle richterliche Bestätigung dieser Rechte.

Auch die Stadt Luckau beteiligte sich an diesen Rangeleien. Sie besaß ein Stück Brand, dass mitunter auch als Luckauer Heide benannt worden ist. Es lag zwischen Krausnick und Schönwalde. Hier ging es im Jahre 1628 um die Hutungsrechte. So klagte der "Rath zu Luckau gegen einen Christoph von Stutterheim auf Briesen"[10]. Wenn man so will, hier klagte das städtische Bürgertum gegen den Adel.

Selbst zwischen verwandtschaftlich verbundenen Adligen, wie dem von Oppen auf Krausnick und denen von Langen auf Wasserburg half oft nur ein Schiedsspruch bei der Klärung. Im Jahre 1725 erfolgte solch eine entsprechende Klärung der Auseinandersetzung, Zitat[11]: „Vergleich zwischen Caspar Sigmund von L. auf Wasserburg und Friedrich Erdmann von Oppen auf Krausnick wegen Hütung." Gemeint sind auch hier die Rechte der Nutzung auf dem Brand. Interessant ist bei diesem Streitfall, dass er zu einer Zeit geführt wurde, die vom immer drängenderen Kaufbemühen des preußischen Königs Friedrich I. gekennzeichnet war. Bei einer derartigen Auseinandersetzung wird verständlich, bestätigte alte Rechte schlugen sich bei einem Verkauf immer gewinnbringend nieder. Wer verzichtet schon freiwillig auf blanke Taler. Also pfiff man auf die verwandtschaftlichen Bindungen und zog einen Rechtsstreit vor.

Vor dem sächsischen Oberamtsgericht in Lübben fand 1785 ein Prozess statt, indem Wilhelm Jakob Graf von Redern, der damalige Besitzer von Golßen, gegen Johann Joachim Jeckels zu Waldow klagte. Auch hier ging es selbstverständlich wieder um verbriefte Nutzungsrechte auf dem Brand. Jeckels[12] erwiderte auf die gegen ihn erhobenen Anschuldigungen: "... seit 1,2,3,4,5,10 und mehreren Jahren her ..." das Recht zu haben, "... auf dem ohnweit seines Rittergutes gelegenen Orte, der Brand oder die Golßensche Heide genannt, sein Waldowsches herrschaftliches Schaf- und Rindvieh hüten und daselbst für sich Holz und Streuling erholen zu lassen, sowie auch alda zu jagen." Nun ja, zumindest erfahren wir, wer einstmals in Waldow das Sagen hatte. Auch die Schreibweise von Ortsnamen war nicht immer einheitlich. So finden wir z. B. in den Urkunden Waldo, Waldow und zuletzt Waldow bei Brand.

1730 bezweifelte ein preußischer Kammerherr, dass ein Hirsch auf sächsischem Gebiet erlegt sein soll. Er behauptete Johann Just Vieth auf Golßen habe den Hirsch jenseits der Grenze auf preußischem Gebiet erlegt.

Einen weiteren Rechtsstreit gab es noch im Jahre 1803 gegen den Schönwalder Bauern Brodak[13]. Interessant ist, hier wird erstmals innerhalb eines Rechtsstreites ein Bauer als Prozesspartei erwähnt. Da Brodak auch ein alter sorbisch/wendischer Name ist, kann darauf geschlossen werden, dass seine Vorfahren schon sehr lange auf der Schönwalder Hofstelle gesiedelt haben. Zumindest was den gegenwärtigen Stand der Akteneinsicht anbetrifft.

Mehrere Schönwalder klagten in den Jahren 1804 bis 1812, hier[14]: Gottlieb Köppchen und Konsorten, gegen Karl Friedrich v. Heinecken auf Waldow, Witwe Katharina v. Schlieben zu Briesen und die Gemeinde daselbst wegen Streulings- und Holzungsbefugnis auf dem Brand oder der Golßenschen Heide."

Zwischen dem Landesdeputierten von Schlieben auf Oderin und der Stadt Buchholz kam es häufiger zu Streitigkeiten. So soll der von Schlieben im Zeitraum von 1749 bis 1767 mehrmals die Grenze nahe dem Hungrigen Wolf zulasten von Buchholz verschoben haben. Weitere Auslöser für Auseinandersetzungen zwischen den beiden Parteien war der unrechtmäßige Holzeinschlag in 1757 – 1775 durch die Förster des von Schlieben. Unter anderem fällten sie Eichen auf brandenburgischem Territorium in der Nähe des Hungrigen Wolfes und in der sogenannten Bürgerheide von Buchholz. Auch das Forstrevier bei der Neuen Schenke war um 1788 durch Pfändungsaktionen des Oderiner Adligen betroffen. Zimperlich war er jedenfalls bei der Durchsetzung seiner Ansprüche nicht. So hat der von Schlieben auf Oderin in den Jahren 1763 – 1767 den Weg zwischen Teurow und Buchholz mittels eines Zaunes und einiger Gräben gesperrt. In den Dokumenten des Prinzlichen Amt Buchholz finden sich dazu mehrere Belege[15].

Auch die von Schlieben machten keinen Halt vor Verwandten, wenn es um ihr angebliches Recht ging. In 1798 stritten sich Schwager und Schwägerin[16] wie folgt: „Georg Friedrich v. Schlieben auf Rietzneuendorf gegen Witwe Katharina v. Schlieben auf Briesen wegen Schafhütung auf dem Brande."

Immer wieder kam es also wegen der Hutungsrechte einzelner Nutzer des Brandes zu den erwähnten Streitigkeiten. Letztendlich ging es bei allen Auseinandersetzungen stets um den pekuniären Vorteil, sprich: „Was kommt unter dem Strich für mich heraus?" Eine menschliche Verhaltensweise, die sich bis in unsere heutige Zeit hinüber gerettet zu haben scheint. Das fast der gesamte Brand sächsisch war bestätigte BORGSTEDE, indem er anführte: „… so daß rechts die disseitigen Prinzlichen Forsten und links sächsische zum Dorfe Schönwalde gehörige Holzungen und eine sehr große Ebene, mit Heidekraut bewachsene Koppelhütung,…"[17]. Diese „Koppelhütung" war der Brand. Zunehmend stießen derartige Gemeinheitsteilungen an ihre wirtschaftlichen Grenzen. Deshalb erging am 27. November 1784 eine sächsische Verordnung, in der es heißt: „die Anweisung der Kreyß- und Amtshauptleute sich wegen Aufhebung der Koppelhutung zu verwenden." Fünf Jahre später erging dazu ein Königliches Reskript, welches „gütlicher Ausgleichung" mahnend ankündigte. Auf dem Brand waren derartige Verordnungen nur schwer durchsetzbar und stießen auf wenig Gegenliebe bei den Grundherren. Dazu kam erschwerend hinzu, dass auch preußische Hutungsrechte auf dem Brand vorhanden waren. Also blieb alles beim Alten, zumindest, bis die Zeit der Separation anbrach.

Interessantes geben beispielgebend die Besitzverhältnisse im Jahr 1811 rund um das Hutungsland preis.

Erstens waren es die sogenannten Rittergutsbesitzer[18] des Kreises Luckau:

Fräul. Wilhelmine Louise Elisabeth von Schlieben	Briesen
Herr Joh. Geo. Heinr. Döhler, Stutterheimsches Lehnsanteil	Golßen
Herr Hand. Fried. Wilh. von Schlieben	Oderin
Herr Joach. Aug. Fried. von Schlieben	Rietzneuendorf

| Herr Joh. Gottlob Lebr. Richter | Waldo |
| Stadt Luckau | Freywalde, Reichwalde, Schönwalde, Schiebsdorf |

und zweitens aus der preußischen Königl. Standesherrschaft Königs Wusterhausen:

| Königl. Prinzl. Amt Buchholz | Buchholz |
| das verpachtete Amt Krausnick | Krausnick, Leibsch, Groß Wasserburg, Köthen |

Um eine Klärung der Koppelhütung auf dem Brand herbeizuführen, wären staatliche Verhandlungen zwischen Sachsen und Preußen erforderlich gewesen. Diese sind jedoch unter den damals zeitlich bedingten Gegebenheiten nicht geführt worden. Ab 1815 hatte Preußen das Sagen und mit der Separation wurden dann diese Gemeinhutungsrechte ohnehin abgelöst.

Was ist von diesen ‚Streithähnen' in die heutige Zeit herübergekommen? Unter dem Strich allerdings nicht viel. Die wirtschaftlichen und gesellschaftlichen Entwicklungen haben zu einem mehrfachen Verkauf der meisten Güter geführt und die letzten Eigentümer sind dann im Rahmen der Bodenreform enteignet worden. Selbst von den ursprünglichen Herrenhäusern ist nicht mehr viel zu entdecken. Zerstörung und Abriss, Überbauung der ehemaligen Standorte bzw. ein zeitgemäßer Umbau waren mehr angesagt als Denkmalschutz. Einzig die Rietzneuendorfer und Briesener Schlösser überstanden die Wirren der Zeiten und künden von einstiger herrschaftlicher Lebensart in der Provinz. Heute sichtbar werden die ‚alten Ritter in ihren Rüstungen' nur noch bei örtlichen Festumzügen. Obwohl es sie in solch einem martialischen Ornat nie am Rand der Niederlausitz gegeben haben dürfte.

Schloss Rietzneuendorf

2.2. Grenzgedanken

In diesem Zusammenhang sollte auf die damalige Situation als Grenzland hingewiesen werden. Ab 1556 erlangten die Gemarkungsgrenzen von Krausnick bis hin nach Buchholz den Status einer Landesgrenze zwischen Preußen und Sachsen. Wie ein Keil schoben sich die sächsischen Besitzungen in die Gemarkung Brandenburgs in Richtung Wendisch Buchholz. Die Orte Oderin, Briesen, Rietzneuendorf, Waldow bei Brand u. a. gehörten damals also zu Sachsen. Die Besitzungen von Krausnick, einst das der Gutsbesitzer derer von Oppen und später dann das königlich preußische Amt, war in weiten Bereichen von sächsischen Landen umgeben. Nicht nur zum Brand hin. Nein, so bildete die heutige Wasserburger Spree die Grenze in Richtung des sächsischen Schlepzig. Eine erkennbare Grenze, so wie wir sie nach unserem heutigen Verständnis verstehen, war sie allerdings nicht. Was sollten auch umfangreiche Grenzsicherungen in einem Gebiet mit einer äußerst geringen Besiedlung und dazu recht dürftigen Landwirtschaft. Die Bevölkerung beiderseits der Grenze lebte über sie hinweg mit- und voneinander. Häufige Kontakte auf dem Brand boten dazu sicherlich mehr Gelegenheit. Den Herrschenden dürfte es eigentlich egal gewesen sein. Denken wir nur an das herrschaftliche Weidevieh, ob nun aus den ehemals sächsischen Oderin oder dem preußischen Krausnick machte keinen Unterschied, das Vieh fraß, was es vorfand und die Hirten trafen sich. Man war also aufeinander angewiesen, trotzt einiger im vorigen Abschnitt erwähnten Rangeleien, und die betrafen ja eigentlich nur die adligen Herren und die Stadt Luckau.

Vielfach ergaben sich auch familiäre Bande über die Grenze hinaus ins Nachbarland. Erinnert sei dabei beispielsweise an den in Staakow geborenen Pfarrer und ‚Bücherfreund' Tinius mit seinen verwandtschaftlichen Beziehungen nach Groß Wasserburg

oder der in Krausnick lebende und aus Oderin stammende Martin Christian Radochlai. Er war als Schneider, Küster und Schulmeister tätig[19]. Selbst Eheschließungen dürften keine Seltenheit gewesen sein. In den unteren sozialen Schichten der Bauern, Kossäten und Büdner ist das mit hoher Wahrscheinlichkeit überhaupt kein Thema gewesen. Es wurde einfach mit Gottes Segen geheiratet und damit war gut. Anders sah es in den Kreisen des Landadels aus. Hier spielte Besitzsicherung und seine Vergrößerung meist eine bedeutendere Rolle als die Liebe zwischen den zwei zu verkuppelnden jungen Adligen. Um diese adligen Praktiken zu unterbinden erlies sogar ein aufgeklärter Friedrich der Große 1748 eine entsprechende Verordnung zur Unterbindung von Eheschließungen des Adels über die Landesgrenzen hinaus. Inwieweit sich allerdings die adligen Herren darangehalten haben, sei zumindest eine Frage wert. Die Stutterheim oder Langenn hatten sowohl in Sachsen wie in Brandenburg Besitzungen und schlossen deshalb untereinander Ehen. Es gab also auch damals Mittel und Wege übergeordnete Anweisungen/Verordnungen zu umgehen.

Für einen Handelsreisenden, der auf der Heer- und Handelsstraße aus Richtung Berlin oder dem sächsischen Lübben über den Brand zog, waren keinerlei Grenzzeichen erkennbar. Die ehemaligen Zollstationen in Buchholz und Lübben machten ihm jedoch deutlich, dass er wohl eine Grenze, hier zwischen den Kurfürsten von Preußen und Sachsen, passiert hat. Nur die Höhe des Zolles ließ erkennen, in welches Land er gerade einfuhr. Viele Jahrhunderte waren derartige Gegebenheiten für das in Kleinstaaterei verharrende Deutschland kennzeichnend. Der viel gerühmte ‚Bunte Stiel‘ wurde frühestens im späten ausgehenden 18. Jahrhundert aufgestellt. Es machte ja auch keinen Sinn, mitten auf der tristen Heidefläche eine Grenzstation mit Schlagbaum und Personal, so wie man sich eine Grenze vorstellt, einzurichten. Der durchreisende Verkehr musste ohnehin die Zollstellen passieren und somit war auch eine Kontrolle gegeben. Was viel wichtiger war, der Zoll floss in die Kasse des jeweiligen Landesherren.

„Hungriger Wolf" und „Toter Mann" verbanden in den letzten knapp einhundert Jahren ihres Bestehens die traditionelle Schäferei mit der Funktion einer Herberge und hatten zu keinem Zeitpunkt einen grenzregulierenden Status. Obwohl sie sicherlich auch manche Informationslücke, zumal die eine in Preußen und die andere in Sachsen lag, schloss. Wesentlich bedeutsamer war die Unterbindung von Desertation. Für Preußen zweifelsfrei keine unbedeutende Aufgabe. Besonders eine Landschaft wie der Brand bot ausreichende Möglichkeiten die Grenze in Richtung Sachsen unbemerkt zu passieren, um so dem harten Militärdienst mit seinem Drill zu entgehen. Wehrpflicht gab es nicht. Bezogen auf Preußen bedeutete das, die Regimenter waren für die Auffüllung ihrer Sollstärke selbst verantwortlich und daher auf Zwangsrekrutierungen angewiesen. In den sächsischen Dörfern fand dann mancher Kommandeur seine Rekruten. Die drei Kreuze konnten auch in betrunkenem Zustand hingekritzelt werden und waren trotzdem rechtsverbindlich. Sie entstanden letztendlich im Beisein von Zeugen. Die so geworbenen Soldaten hatten natürlich kein allzu großes Dienstverlangen und verschwanden häufig wieder in Richtung alte Heimat. Selbst der berüchtigte Spießrutenlauf schreckte sie nicht. Das Desertation für Preußen ein nicht zu unterschätzender Fakt war wird an entsprechenden königlichen Edikten deutlich. So animierte man die Bevölkerung der, grenznahen Orte dazu Deserteure dingfest zu machen. Bereits Friedrich I. belohnte per Edikt[20] aus dem Jahr 1714 jeden Bauern mit 10 Taler für einen eingefangenen Deserteur. 10 Taler war für die Bauern, Kossäten und Büdner in den Dörfern eine unvorstellbar große Summe Geldes und hat bestimmt in manchem Fall seine verführerische Wirkung nicht verfehlt. Selbstverständlich verlies man sich nicht völlig auf die Mithilfe der Bevölkerung, sondern ergriff auch konkrete staatliche Maßnahmen, wie das folgende Beispiel aus der Regierungszeit Friedrich II. zeigt[21]: „[…] Beamte des Steuerratsbezirkes Potsdam im Sommer 1746 einen Brief an die Städte seines Amtsbereiches mit dem Hinweis, dass zur Verhütung der Desertion, die bisher eingerissen wäre, ihre königliche Majestät befohlen habe, das ein ‚Lieutnant nebst 16 Husaren und 4 reitenden Feld-Jäger dergestalt an die Sächßische Grenze verlegt werden sollen' […]". Auch das Grenzland Brand wurde so bedacht und die Soldaten dann neben Trebbin, Treuenbritzen, Zossen, Mittenwalde auch nach Wendisch Buchholz verlegt und stationiert. Schlussfolgernd aus einer derartigen Entscheidung ergibt sich die Tatsache, dass über den Brand preußische Soldaten das Weite und ihr Glück im benachbarten Königreich Sachsen suchten und fanden. Neben diesen wenig erfreulichen Tatbeständen wurde auf dem Brand auch reger Handel getrieben. Meist waren es Bauern aus den umliegenden Dörfern, die ihre Produkte feilgeboten und tauschten. PULS deutet einen derartigen Vorgang in einem Artikel des Kreiskalender Beeskow-Storkow[22] an, indem er formuliert: „Es muß geschafft werden! In der ‚Neuen Schenke' – ‚Toter Mann' – warten Fuhrleute auf den Bauern. Tauschhandel ist der Zweck der Fahrt." Diese Art von Handel umging u. a. den Zoll in Lübben und Buchholz. Es erfolgten Tausch oder Kauf und die Bauern zogen anschließend auf direktem Weg wieder in ihre Heimatdörfer. Also auch damals war ‚Schwarzgeld' nicht unbekannt.

Als dann 1815 auch die sächsischen Dörfer um den Brand an Preußen übergingen, hörte die ehemalige Grenze auf zu bestehen. Was blieb, waren sich immer mehr verklärende Anekdoten und Erinnerungen an eine vermeintlich gute und bessere alte Zeit.

2.3. Die Schäfereien

Wie schon einleitend festgestellt, über mehrere Jahrhunderte lag der Nutzungsschwerpunkt vom Brand in der Weidewirtschaft. Eine Analyse zeitgemäßer Berichte und Akten lassen erkennen, dass im Durchschnitt 3 bis 5 Herden auf dem Brand weideten. In seinem Beitrag zur Vegetations-, Siedlungs- und Wirtschaftsgeschichte der Niederlausitz schildert ALWIN ARNDT recht anschaulich die Weidewirtschaft auf den Sandern. Auf dem eiszeitlichen Sediment wuchsen anspruchslose Pflanzen. Schafe und Ziegen begnügten sich mit diesem kargen Futterangebot. Gleichzeitig hielten sie im Weidegebiet den Jungwuchs von Bäumen und das Strauchwerk kurz. Zur Erhaltung ihrer Futterbasis wurde von den Schäfern in regelmäßigen Abständen Feuer in den älteren Heidekrautbeständen gelegt. Dadurch konnten sich diese wieder verjüngen und Verkahlungen bzw. starke Verholzung wurde somit vermieden. Die Gefahr des Ausbruchs von Flächenbränden war dabei nicht unbegründet. In einer "Landes-Ordnung des Churfürsten Johann Georg I. zu Sachsen vor das Markgrafentum Niederlausitz das Polizei-Wesen in selbigen betreffend vom 2. Dezember Anno 1651"[23] wurde deshalb das Abbrennen der Heide untersagt. Geholfen wird es wenig haben, die kurfürstlichen Beamten saßen in Lübben und die Grenze zu Preußen sehr nah. Umgekehrt war auf preußischer Seite Königs Wusterhausen gleichfalls weit weg. Also ab über die Grenze und man war in Sicherheit. Es ist jedenfalls kein Fall bekannt und nachweisbar, dass irgendwelche Missetäter gefangen, bestraft oder gar an die andere Seite ausgeliefert worden sind. Ein Eingreifen der adligen Herdenbesitzer war auch nicht zu befürchten. Denn ihr Vieh musste ja ausreichend Futter vorfinden und so hat man die Schäfer gewähren lassen.

Als richtige Schäfereien können nur zwei auf dem Brand bezeichnet werden, der ‚Hungrigen Wolf' und die ‚Neue Schenke', letztere auch als ‚Toter Mann'. Zumindest solange, bis beide zu einer Art Ausspann und Raststätte im Grenzland ausgebaut worden sind. Eine Karte von 1788 gibt den gesamten Grenzverlauf wieder. Beide Schäfereien, hier auf den Kartenausschnitten, sind in ihrer Lage mit dem Gebäudebestand wie folgt eingezeichnet:

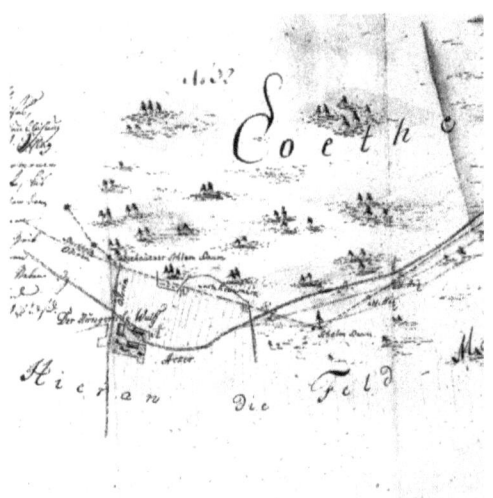
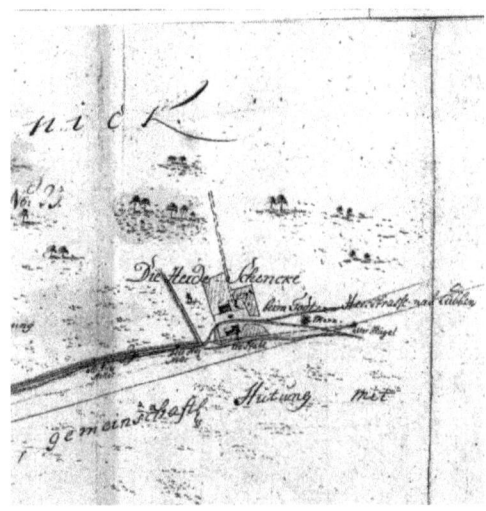

Zwei weitere Schäfereien werden von PAUL PULS als "Hammelstall" und zur "Dürren Ziege" bezeichnet. Richtige Schäfereien dürften beide nicht gewesen sein. Allein schon ihre Lage auf dem Brand legt diesen Schluss nahe. Es wird sich hierbei nur um Pferche zum nächtlichen Schutz der Tiere vor Raubwild und Dieben gehandelt haben. Der Hammelstall lag in der Nähe von Briesen und wurde in späterer Zeit zu einer Försterei. Ähnlich scheint es auch der Dürren Ziege ergangen zu sein. Ab 1841 wird die 'Dürre Ziege' mit der Bezeichnung "oder Brandschäferei"[24] mehrmals erwähnt. 1869 wird dort am südlichen Rand des Luchsee ein neues Forst-

haus errichtet. Im Jahre 1858 lebten im Neuen Krug und der Brandförsterei zusammen 42 Einwohner. Diese Brandförsterei besteht auch noch in heutiger Zeit. Auf halben Weg zwischen Waldow und dem Brand lag die Waldower Schäferei recht günstig an einer Kreuzung. Von hier aus konnte der nördliche Teil vom Brand oder der Luckauer Stadtforst erreicht werden. Nachdem alle anderen Schäfereien aufgegeben waren, ist diese Schäferei allein übriggeblieben. Noch 1922 war sie auf einer Teilkarte des Regierungsbezirks Frankfurt / Kreis Luckau eingetragen.

Das wichtigste Erzeugnis, die Schafwolle wurde hauptsächlich an Wollweber und Händler verkauft. Nur ein geringer Teil verblieb zur eigenen Verarbeitung. Mit der industriellen Revolution im 19. Jahrhundert setzte auch bei der Wollverarbeitung die Industrialisierung ein. Es war mehr Schafwolle erforderlich als im eigenen Land erzeugbar. Importe von billiger Schafwolle und Flachs aus Übersee waren rentabler. Somit lohnte sich die Schafhaltung auf dem Brand bald nicht mehr. Eine Folge war, die Schafhaltung verringerte sich im 19. Jahrhundert sehr deutlich und der Brand wurde schrittweise als Weideland aufgegeben. Ein betriebswirtschaftlicher Vorgang, den wir unter ähnlichen Prämissen auch in der heutigen Zeit antreffen. Mit dem Straßenausbau von Märkisch Buchholz über Neu Lübbenau zur heutigen B87 und weiter über Lieberose nach Guben, der neuen Eisenbahnstrecke Berlin - Cottbus – Görlitz, verlor auch die alte Handelsstraße und ihre Schenken immer mehr an Bedeutung. Sie wurden aufgegeben und die einstigen Weideflächen mit Kiefern aufgeforstet. ARNDT gab in seiner Vegetationsgeschichte der Niederlausitz[25] mehreren Zeitzeugen Raum für ihre Erinnerungen. Im Zusammenhang mit dem Eisenbahnbau, dass der Auszügler Albert Graske aus Reichwalde als Kind Heidekraut als Einstreu während der Bauarbeiten geholt hat. Graske führte auch an „damals konnte man auf dem Brande weit sehen". Also war die Aufforstung noch nicht weit fortgeschritten. Noch Anfang des 20.

Bienenstock

Jahrhunderts wurden die Restbestände an Heidekraut von Imkern genutzt. Als Zeitzeuge erinnerte sich der Imker Schrock aus Schiebsdorf „öfters gegen 400 Stöcke auf dem Brande waren" und „in manchen Jahren hat jeder Stock im Durchschnitt 20 Pfund Honig dort vom Heidekraut geholt." Ein Pfund waren immerhin 500 Gramm Honig. Selbst nach dem I.-Weltkrieg bot die Imkerei noch ein Stück Zuverdienst, Zitat: „Am 8. September 1923 standen bei Bude 38 zwanzig Stöcke." Aber auch das klang langsam aus und die allgegenwärtige Kiefer übernahm die Regie. Doch im Jahre 2008 kehrten dann die Schafe wieder auf den Brand zurück, wenn auch nur für kurze Zeit. Tropical Islands[26] hat so mit den rund 700 Heidschnucken Landschaftspflege auf dem riesigen Gelände betrieben. Vor dem Ort Briesen, am Rand der ehemaligen Flächen vom Brand, blickt man über Rinderweiden in Richtung Krausnicker Berge. Auch das erinnert an altes Weideland.

Viele Erinnerungen und Geschichten an die ehemaligen Schäfereien blieben jedoch im Volksbewusstsein erhalten.

2.4. Toter Mann und Hungriger Wolf

‚Toter Mann' und ‚Hungriger Wolf' sind wahrlich keine einladenden Bezeichnungen. Mit den Namensgebungen von Orten hat man sich in vergangenen Zeiten nicht so schwer getan wie heute. Erst später wurde aus dem Toten Mann die Neue Schenke. Von beiden Schäfereien und Raststätten behielt also nur der Hungrige Wolf seinen angestammten Namen. Neben ihrer ursprünglichen Funktion als Schäfereien dürften sie Fremden ein Nachtasyl und Wegzehrung nicht abgeschlagen haben. Wenn sich ein Reisender in solch eine abgelegene Gegend begab, und sie nicht schnell genug querte war er doch recht froh, wenn er wenigstens eine menschliche Behausung fand und nächtigen konnte. Der Zeit ihres Bestandes gemäß und der Lage an einer Handels- bzw. Heerstraße dürften beide Schenken das Schankrecht besessen haben. Das Bier kam dann, so ist anzunehmen, hauptsächlich aus Buchholz. Die Herren von Schlieben auf Oderin waren 1730 die Besitzer des 'Hungrigen Wolfes' und der 'Tote Mann' hat zuerst zu Krausnick gehört. Nach dem durch Friedrich I. erfolgten Aufkauf des Gutes Krausnick war nun der Tote Mann der Herrschaft Wusterhausen zugehörig. ALWIN ARNDT gibt u. a. an, dass bereits 1730 beide Orte[27] (Hungriger Wolf und Neue Schenke) erwähnt werden. 1669 soll nach K. GROSS ein Anwesen, das man „Hungrichte Wulf"[28] nannte, schon bestanden haben. Das war wenige Jahre nach Ende des 30jährigen Krieges. M. BERGER[29] datiert den Beginn des Bestehens sogar direkt in die Kriegszeit. Schäfereien waren über einen längeren Zeitraum die einzige Nutzungsmöglichkeit für die angrenzenden Grundbesitzer. Erst später, nach dem Aufkauf der Güter Krausnick und Wasserburg durch den preußischen König, war sein direkter landesherrlicher Zugriff auf die Grenze gegeben und machte den dann erfolgten Ausbau der Neuen Schenke erforderlich.

Der Kreiskalender 1938 von Beeskow-Storkow enthält einen alten Stich, auf dem der "Hungrige Wolf" abgebildet ist. Zwei der darauf abgebildeten Obstbäume waren auch noch im Jahr 1995 vorhanden und trugen schwer an ihrem stolzen Alter.

Heute erinnert nicht mehr viel an das Vorhandensein und die einstige Bedeutung der beiden

Herbergen. In einigen Artikeln und Beiträgen wird der Bestand des Hungrigen Wolfes mit 120 Jahren angegeben. Das erscheint, wie bereits vorher bemerkt, entschieden zu kurz gegriffen.

Schulklassen aus Märkisch Buchholz wanderten noch in den Jahren zwischen 1960 und 1980 auf der ehemaligen Handels- und Heerstraße zu den Resten vom Hungrigen Wolf. Ein Beispiel für das einstige Unterrichtsfach Heimatkunde in der Unterstufe und wie engagierte Lehrer die Geschichte der Region den Schülern vermittelten. 1820 bezeichnete das Messtischblatt[30] die nahe dem Ort Köthen gelegene Schäferei als "hungriger Wolf", in der an "2 Feuerstellen 15 Menschen" wohnten, "Der hungrige Wolf war damals Krug und Schäferei". Gegen 1845[31] wird ein Haus mit acht Einwohnern als Krug und Schäferei aufgeführt. Die Bewohner waren in Oderin eingepfarrt. Oderin und Hungriger Wolf gehörten seit „1. Februar 1857 dem Amtmann Krause"[32]. Aus dem Jahre 1910 ist dann folgende Beschreibung[33] überliefert: „... ca. 4 km südlich von Wendisch Buchholz eine Lichtung mit Gras bewachsen, eine Linde und etwa 6 Birnbäume sowie mehrere Kirsch- und Pflaumenbäume".

Ein Zeitungsartikel des Jahres 1925 gibt eine Gesprächsniederschrift mit einem der letzten Bewohner des ‚Hungrigen Wolfes' wieder. So erfahren wir erneut etwas zu beiden Höfen auf dem Brand, Zitat[34]: „Er war ein guter Märker und wir waren mit denen auf dem Toten Mann verwandt. Wir haben auch immer treulich zusammengehalten, bis der Tote Mann einging, d. h. bis die Herrschaft, der das Gehöft gehörte, es niederreißen ließ, weil es keinen Zweck mehr hatte, da ja die Landstraße an der wir beide liegen, nicht mehr benutzt wird, und wenn wir, ich und meine Frau […] einmal das Zeitliche gesegnet haben, dann wird es mit dem Hungrigen Wolf auch so kommen, er wird abgerissen werden, […]". So kam es dann Jahre später auch. Nur sein ehemaliger Standort ist auch heute noch deutlich auszumachen, und das nicht nur wegen des Gedenksteines.

Ehemaliger Standort des Hungrigen Wolf

Im Einzelnen konnten 1995 und 2005 folgender Stand durch den Autor registriert werden:

- Mit Gras bewachsene Fläche von ca. 80 x 50 Meter.
- Findling als Gedenkstein
- Mehrere Obstbäume und eine knorrige Linde, insgesamt 8 Bäume. Stammumfang der Linde betrug 4,50 m, der Obstbaum nahe vom Fahrweg maß immerhin auch stattliche 3 m Umfang.
- Der ehemalige Brunnen war trotzt seiner sichtbaren Tiefe durch die Absenkung des Grundwasserspiegels innerhalb von 25 Jahren trockengefallen. Das beweist das folgende Foto von 1972, auf dem sich in einer Tiefe von ca. 1,8 m noch etwas Wasser spiegelte.

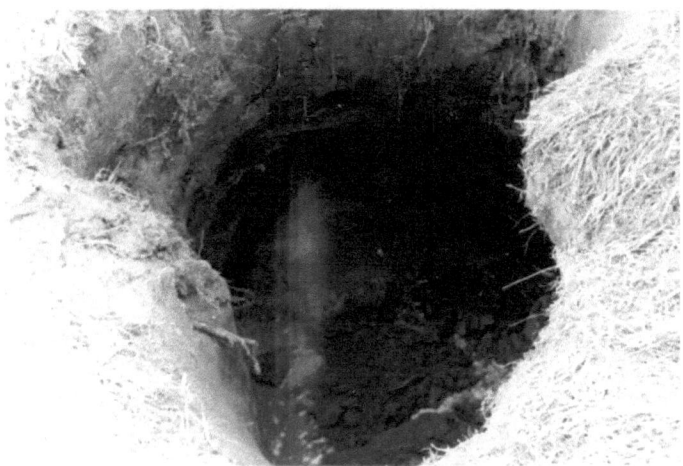

- Von den Gebäuden fehlt jede erkennbare Spur. Nichts deutet mehr auf ihre Lage und Größe hin. Nur einzeln, verstreut herumliegender Ziegelsteinbruch waren zu entdecken.

Der 'Tote Mann' oder 'Neue Krug' hat gleichermaßen eine bewegte Geschichte vorzuweisen, Zitat[35]: "Etwa 4 km südlich vom ‚Hungrigen Wolf' lag einst der Neue Krug oder Neue Schänke. Der Neue Krug und die unweit davon gelegene Brandschäferei gehörten zum Amt Krausnick." Auch an diese zweite Schenke auf dem Brand erinnert nichts mehr, wären da nicht eine Vielzahl von Geschichten. Ob nun die von Oppen, der Wirt Appel, Paul Gerhardt oder die preußischen Offiziere, sie alle haben sich in den Köpfen der Bewohner festgesetzt. Seine letzten Standortmerkmale sind spätestens mit dem Ausbau des Flugplatzes für immer getilgt worden. Mittels Messtischblatt Oderin von 1928 kann die Lage an dem Schnittpunkt der Zwei über den Brand führenden Straßen genau angegeben werden.

Ein alter Preuße weist den Weg.

Nur ein alter sandsteinerner preußischer Wegweiser am Ausgang von Groß Wasserburg, an der 'Alten Krausnicker Straße' gelegen, zeigt den Weg an. Quer über die Krausnicker Berge führte der Weg.

KERNER[36] schildert den Zustand der Neuen Schenke in seiner Niederschrift vom 3. 1. 1981 wie folgt: „Vier Kilometer weiter nach Süden stieß man früher auf die Neue Schenke, eine weitere Gaststätte der damaligen Zeit. Sie lag auf dem Gelände des heutigen Flugplatzes an der damaligen Chaussee Golßen –Krausnick." In der Gesprächsniederschrift erwähnte er u. a. auch, dass der „[...] Dachstuhl nach seinem Abriss vor der Jahrhundertwende für einen Neubau in Briesen verwendet wurde." Die Angaben bezogen sich auf die Neue Schenke und den Jahrhundertwechsel 1900. KUMMER erwähnt als Erbauungszeitraum die Jahre 1779 bis 1781. Um diese Zeit dürfte die Schäferei zu einer Raststätte mit Ausspann ausgebaut und erweitert worden sein. Gleichzeitig gibt KUMMER[37] die durch den Buchholzer Amtsrentmeister Fischer in Auftrag gegebene Erfassung der Baulichkeiten der Neuen Schenke wieder. Neben dem einstöckigen Gasthaus war ein Unterstand für Gespanne, eine Scheune mit Stallung, ein Schweinestall, ein Backhaus, ein weiteres Wohnhaus und ein Brunnen vorhanden. Im Zusammenhang mit dem beabsichtigten Ausbau der Straße über den Brand wollte Fischer die Neue Schenke für das Königliche Hausfideikommiss erwerben. Zumindest versprach man sich Gewinn durch die Betreibung der Raststätte, und so kamen die Erwerbsabsichten zustande. Am 15.07.1868 wurde der Kaufvertrag abgeschlossen. Trotz dieses Erwerbs war das Schicksal der Neuen Schenke besiegelt. Im Übrigen war der Wert der Neuen Schenke seit der Erhebung durch Fischer im Jahre 1860 stark gefallen[38], „... weil der Bau der Chaussee von Wendisch Buchholz nach Lübben mit dem Bau der Berlin-Görlitzer-Eisenbahn nicht mehr in Aussicht steht." Einer der letzten Besitze[39]r der Neuen Schenke war ein gewisser Heinrich Ludwig Paschke. Er erhielt für seinen Verzicht auf das Hutungsrecht am 6. Mai 1848 u. a. "eine Wiese auf der Wasserburger Ablage" zugesprochen.

Unter der Ortsbezeichnung "Neue Schänke" führt das Historische Ortslexikon für Brandenburg im Einzelnen auf[40]:

1792   Erbpachtkrug Neue Schänke
1801   Krug unweit der Brandschäferei, zu Krausnick gehörig
1805   Neue Krug, Neue Schänke, Todte Mann
1837   Neue Krug
1869   Etabl. Neue Schänke zum Abbruch verkauft
1870   Neue Schänke

Nachdem 1869 die Neue Schenke zum Abriss verkauft war, ist sie bereits im Februar des folgenden Jahres durch den Schönwalder Unternehmer Carl Schulze abgerissen und die Einebnung des Grundstückes vollzogen. Der Grundbesitz fiel unter die Verwaltung der Oberförsterei Klein Wasserburg. Fast 40 Jahre nach ihrem Abriss war der alte Standort wohl noch erkennbar. Zumindest ist das der Schilderung einer Wanderung aus dem Jahre 1908 zu entnehmen. Danach wurde der Standort der „Neuen Schänke" am „... Knotenpunkt der Jagen 76/52 bis 77/53 ..." und die ehemalige Straße über den Brand als ein „bedeutend breiter Fahrtweg von Norden nach Süden" von WEBER & PECK[41] beschrieben und als solcher auch erkannt.

Um die Neue Schenke ranken sich viele Geschichten. Einige können belegt werden, andere entsprangen dem Wunschdenken der Menschen bzw. einer Verklärung der sogenannten guten alten Zeit. Hier in der Folge einige dieser Anekdoten.
Mitunter soll ein reger Tauschhandel betrieben worden sein. PULS schilderte das im Kreiskalender Beeskow-Storkow von 1938 ausführlich. Für Grenzregionen und dazu an der wichtigen böhmischen Handelsstraße nach Berlin gelegen sicher nichts Ungewöhnliches. Diese Geschäfte scheinen nicht immer friedlich verlaufen zu sein. WEBER & PECK, die zwei Berliner Wanderer von 1908, verbinden mit der Neuen Schenke auch eine Anekdote[42] mit Bezug zu einem Wirt Appel. Dieser soll gemeinsam mit den damaligen Herren in Krausnick, den von Oppen, seine Schenke frei von Betrug und Diebstahl gehalten haben soll. Auffälligkeiten meldete Appel an den von Oppen. Dieser lies in einem Fall die Betrüger am „Bunten Stiel" festnehmen und „zum Krausnicker Gerichtstag" mit Prügel bestrafen. Übrigens deckt sich diese Schilderung inhaltlich mit einer von PULS erwähnten Geschichte. Bei dieser Anekdote sind aber leichte Zweifel anzumahnen. Allein schon die jeweils zu berücksichtigenden Entfernungen lassen ein solch direktes Handeln fragwürdig erscheinen. Sei es, wie es sei, eine derartige Geschichte lässt sich immer gut verkaufen. Generell kommen die Wirte in den Erzählungen nicht besonders glimpflich weg. In der bereits erwähnten Niederschrift[43] "Der räuberische Wirt der Neuenschenke" gibt KERNER ein Stück der meist von Generation zu Generation mündlich überlieferten Erzählung wieder. So wird der Wirt als ein skrupelloser, unheimlicher und gewalttätiger Viehdieb charakterisiert. Ein gestohlener Ochse und zu guter Letzt dann auch noch die Beraubung eines Hausierers in der Nähe von Briesen bildeten die Höhepunkte seiner Missetaten.

Cabanis

Vaterländischer Roman in zwei Bänden von

Willibald Alexis

Zweiter Band

1924

Hanseatische Verlagsanstalt
Hamburg

WILLIBALD ALEXIS hat mit seinem historischen Roman "Cabanis" auch zur Legendenbildung beitragen. So schilderte er die grausige Plünderung des "toten Mann"[44] während des Ersten Schlesischen Krieges, seinen recht desolaten Zustand und die erbärmlichen Lebensbedingungen der Wirtsleute. Diese geschilderte fiktive Begebenheit lässt zumindest auf eine fundierte Ortskenntnis schließen. ALEXIS muss also bei seiner Recherche zu diesem Roman in Berichte und Unterlagen des preußischen Militärs über den Brand Einsicht genommen haben. Er sprach von der "Luckauer Heide", hier allerdings irrtümlich für den gesamten Brand erwähnt. Auch die Orte Wendisch Buchholz und Wasserburg finden sich in kurzen Textpassagen wieder. Wen interessierten schon solch präzise Ortsangaben? Doch nur das kriegsführende Militär. Allein dank einer derartig genauen und gewissenhaften Arbeitsweise in Vorbereitung auf seinen ‚Vaterländischen Roman' konnten wir Kenntnis von damaligen Verhältnissen erlangen. Schon seine detailgetreue Beschreibung der Wohn- und Platzverhältnisse im Toten Mann lassen erahnen wie ein Teil unserer Vorfahren regelrecht 'gehaust' haben muss. ALEXIS wusste also, wie die Ärmsten der Bevölkerung lebten.

2.5. Die Heer- und Handelsstraße über den Brand

Eine alte Handelsstraße querte also auf dem Brand die damalige Landesgrenze zwischen den beiden Königreichen Preußen und Sachsen mehrmals. Der schon erwähnte ‚Bunte Stiel' erinnert noch heute an diese Grenze. Seine Bezeichnung rührt daher, dass an dieser Stelle ein Grenzpfahl stand, welcher von beiden Königreichen nach 1806 gleichermaßen genutzt und auf der jeweiligen Seite mit den betreffenden Landesfarben und Wappen markiert war. Wenn man so will, Sparmaßnahmen des 18.Jahrhunderts.

Der bereits erwähnte WILLIBALD ALEXIS beschrieb den Brand als ein ödes Grenzland, welches man nur rasch passieren müsse. So kann man bei ihm lesen, dass zwei Offiziere das Grenzland zu Pferde durchritten und folgende Feststellung machten[45]: "Aber wir reiten nun schon wieder zwei Stunden und haben noch kein Strohdach, nicht mal ein Buchweizenfeld gesehen" und etwas weiter stellten sie erneut als Frage fest: "Ist keine Hütte, keine Köhlerwohnung in der langen Heide?" an den sie begleitenden ortskundigen Burschen aus Wasserburg. Er antwortete: "Wir können beim toten Mann ansprechen oder im hungrigen Wolf. Da müssen wir rechts und da links". Letztendlich haben sie im Toten Mann gerastet.

Selbst der bekannte Pfarrer und Kirchenliederdichter Paul Gerhardt, auf dem Lübbener Marktplatz steht sein bronzenes Denkmal, zog 1669 über diese Handelsstraße, von Mittenwalde kommend, in seine neue und letzte Wirkungsstätte Lübben. Eine Legende besagt, dass Paul Gerhardt auf der Heerstraße zwischen „Hungrigen Wolf" und „zum toten Mann" das Kirchenlied "Befiehl dem Herrn deine Wege" gedichtet haben soll. Wie gesagt es ist eine Legende. Denn das Lied war schon viele Jahre früher entstanden[46], Zitat: „Das besagte Lied enthielt die Crügersche Kirchenliedersammlung schon 1656."

Es waren zweifelsfrei sehr beschwerliche Reise- und Transportbedingungen in diesen Zeiten. Sie forderten viel von Mensch, Tier und Wagen ab. Der Mahlsand auf dem Brand tat dazu sein Übriges. Selbst die geringfügigste Steigung erschwerte noch um einiges das Vorankommen. An die alten Zeiten erinnert 1,3 preußische Meilen vor Märkisch Buchholz, nahe Krausnick und dem Luchsee, ein noch erhalten gebliebener Wegweiser. Er befindet sich an dem Fahrweg, der von Krausnick zur alten Heerstraße führte. Die angeführten Entfernungsangaben auf dem Wegweiser sind noch gut ablesbar und für sich allein betrachtet empfindet man sie als recht gering. Sie sind es aber in Wirklichkeit nicht. Anfang des 19. Jahrhunderts beinhaltete die preußische Meile immerhin 7532,5 Meter nach heutigen Maßangaben. Somit betrug der gesamte Fahrweg von Krausnick über den Hungrigen Wolf

Noch ein Preuße im Wald

nach Wendisch Buchholz 11,3 km. Von Waldow aus gab es einen ähnlichen Weg. Der sogenannte ‚Schwarze Weg' führte auf den Brand direkt zur Neuen Schenke. Auch von Oderin aus gelangte man auf derartig sandigem Fahrweg zur Heerstraße. Er führte dicht am Hungrigen Wolf vorbei und stellte, nachdem er hier die alte Heerstraße kreuzte, eine Verbindung zum Dorf Köthen her. Solche Wege verbanden jedes um den Brand liegende Dorf mit ihm und seiner Heerstraße. Wie bereits angeführt, diese Wege sind meist als reine Wirtschaftswege angelegt worden und hatten daher in der Hauptsache regionale Bedeutung. Hier ein weiteres Beispiel dazu, so war in den Karten des 19. Jahrhunderts noch der Oderiner Weg als Zufahrt für Groß Wasserburg ausgewiesen. Er führte direkt am Wehla-Berg und dem Bunten Stiel vorbei nach Oderin. Dabei berührte er weder den Hungrigen Wolf noch die Neue Schenke. Heute ist er ein schattiger Wander- und Fahrradweg, wenigstens bis zum Bunten Stiel.

Links der Oderiner-Weg und rechts ein Weg von Briesen Richtung Wehla-Berg

Als eine Hauptstraße im heutigen Sinn war die Heerstraße nur insofern zu verstehen, wie dieser sandige breite Weg den Brand von Nord nach Süd zwischen zwei Ländern querte. Der Zustand derartige Straßen und Fahrwege war, wie bereits angeführt, meist sehr schlecht. Eine Straßenunterhaltung oder gar befestigte Straßendecke gab es nicht. Wer sollte das auch alles bezahlen? Zumindest gab es sowohl in Sachsen wie auch in Preußen Verordnungen die Nutzung zu regeln. Sie beinhalteten meist Festlegungen zur Felgenbreite und dem Ladegewicht bezogen jeweils auf den Vorspann mit einem, zwei oder vier Pferden. Das durchschnittliche Ladegewicht für ein Frachtfuhrwerk betrug pro Pferd vier Zentner (200 kg). Aber wer sollte das kontrollieren und mit den Zöllnern ist man sich erfahrungsgemäß meist einig geworden. Dafür sorgte schon deren geringer Sold. LEHMANN[47] beschrieb in seiner 1937 erschienen 'Geschichte des Markgrafentums Niederlausitz' den Zustand der damaligen Straßen und Wege wie folgt: "Die Fuhrleute benutzten neben den eigentlichen Verkehrseinrichtungen verschiedene Schleifwege, einmal um den Zoll zu hintergehen, dann aber auch, weil die Straßen in üblem Zustand waren". Das traf sicher auch auf diese Heerstraße zu. Sogenannte Schleifwege gab es auf dem Brand zur Genüge. Bereits im Jahre 1593 verhinderte deshalb eine sogenannte Landwehr, „Dreigräben" genannt, vom Köthener-See her die Umfahrung des seit dem 15. Jahrhundert bestehenden Buchholzer Zolls. Die Fuhrleute waren also gezwungen, die Heeres- und Handelsstraße zu benutzen. Über Jahrhunderte war sie eine wichtige Fernverbindung. 1784 schilderte der Buchholzer Bürgermeister Thede, dass die „böhmischen Fuhrleute" [...] "die allzeit die Haupt Land Straße von Böhmen hierdurch nach Berlin ziehen"[48] für seine kleine Stadt von großer wirtschaftlicher Bedeutung waren. Heute würde man sagen, die Straße war für den Transitverkehr wichtig. In einem derartigen Kontext betrachtet betonte FRANZ MÜLLER[49] ausdrücklich, dass diese Landstraße nicht nur kriegerischen Zwecken diente, Zitat: „Diese Transitstrecke war ihnen bei Strafe vorgeschrieben, um den brandenburgischen Einfuhrzoll auf ihre Waren an der Zollbrücke über die Dahme in Buchholz zu erlegen." Auch Gemüsebauern zogen mit ihren Erzeugnissen auf die Märkte nach Berlin. Die Heerstraße über den Brand stellte daneben auch eine wichtige Postverbindung dar. So wurde die Post von Berlin, über Mittenwalde nach Buchholz transportiert, um dann von hier aus nach Lübben geschafft zu werden. In einer Aufstellung des „Königlichen Post-Amt"[50] von Lübben aus dem Jahre 1834 ist dieser Postweg dergestalt aufgeführt. Die Postkutsche übernahm neben den Postsendungen so auch den Transport von Personen. Zu beachten ist dabei, dass bereits[51] „... der Große Kurfürst von Brandenburg, der Staatsposten in seinen Landen einrichtete." Die Postbeförderung erfolgte damals meist durch Lohnkutscher. In Buchholz befand sich eine sogenannte „Postexpedition" wo auch ein Pferdewechsel stattfand und dann konnte die Fahrt über die sandige Heerstraße nach Lübben weiter gehen. Wichtig war diese Straße schon, denn es wurde über ihren Ausbau zu einer ‚Kunststraße' nachgedacht. Kunststraßen waren im damaligen Sprachgebrauch

befestigte Straßen. Wie gestaltete sich nun der vorgesehene Straßenausbau über den Brand und ist er überhaupt vollends ausgeführt worden? Noch heute kann der Wanderer die Reste der alten Straße von Märkisch Buchholz oder Schönwalde aus gut begehen. Von ihrer einstigen Bedeutung ahnt er nichts. Verwundert wird er sich vielleicht fragen: "Warum ist hier ein alter Schotterweg mit Resten von Straßengräben vorhanden, und dass mitten im tiefsten Kiefernwald ohne jeglich erkennbare Notwendigkeit?" Also, das kam so: Am 27.01.1849 gründete sich die „Königs Wusterhausen – Buchholz - Lübbener Chausseebau AG"[52] im Wendisch Buchholzer Hotel "Deutsches Haus". Dazu räumte das preußische königliche Ministerium mit Order vom 1. Februar 1849[53] ein: „Gelände und Material wie Sand, Feldsteine, Kies, Lehm ... werden kostenlos gestellt." 10.000 Taler soll es extra geben, wenn die Chaussee über Neue Schenke bis nach Lübben geführt wird. Damit wird auch das bereits geschilderte Interesse des Buchholzer Amtsrentmeister Fischer verständlich, den Neuen Krug zu erwerben. Insgesamt war dieser Teil der alten Heer- und Handelsstraße von Wendisch Buchholz bis Lübben 5.335,35 Ruten (19,4 km) lang und hätte planmäßig 53.350 Taler gekostet. Groß Lubolz wäre erreicht gewesen und von dort war nur noch eine kurze Strecke bis Lübben und anschließend fortführend nach Cottbus. Interessant ist dabei, dass sich die Streckenführung über den Brand erst nach langwierigen Verhandlungen durchsetzte. Ursprünglich favorisierte man eine Streckenführung von Berlin[54] "... über Mittenwalde, Baruth, Golßen, Luckau, Vetschau". Um diesen Straßenausbau zu verhindern, gingen die Städte Lübben, Wendisch Buchholz und Königs Wusterhausen gemeinsam in einer Art konzertierten Aktion vor. So schilderte Königs Wusterhausen in einem Ersuchen[55], welches sie direkt an den König sendete, die wirtschaftliche Lage, u. a. auch für Buchholz, als sehr prekär. Die Gemeinden an dieser Strecke wurden als die ärmsten des Kreises charakterisiert. Königs Wusterhausen befürchtete eine Straßenführung "... über Zossen oder Mittenwalde würde ihm den letzten Frachtverkehr nach Kottbus nehmen." Man wies gleichzeitig auf die Unterstützung seitens des Oberpräsidenten von Bassewitz hin. Auch Buchholz[56] war nicht untätig, und es „[...] wandte sich für Wendischbuchholz der dortige Amtsrat Zierenberg an die Regierung." Er betonte dabei ausdrücklich: „Die Chaussee werde hier billiger, weil sie über königlichen Boden führe, fast bis vor Lübben. Keine Entschädigung sei zu zahlen. Die Materialien seien billig zu verschaffen. Endlich sei der Weg um 2 Meilen kürzer, [...]". Selbst Lübben war recht rege und erhielt mittels einem Kabinettschreiben vom 30. September 1834 sogar eine Antwort[57] von König Friedrich Wilhelm III: „Ich erwidere dem Magistrat zu Lübben auf die an Mich gerichteten beyden Eingaben, daß die Pläne zur Anlage einer Chaussee nach der böhmischen Grenze, und einer anderen von Frankfurt an der Oder nach Leipzig führende bereits vollendet sind, und daß beyde Kunststraßen über Lübben geführt werden sollen." Bei einem erfolgreichen Bau dieser Straße läge dann Lübben am Schnittpunkt beider Straßen. Damit ist sein Engagement wohl ausreichend begründet gewesen. Das sich trotzt der königlichen Zusage das Auswahl- und Genehmigungsverfahren noch über Jahre hinzog beweisen u. a. Schreiben des Magistrates von Mittenwalde mit Datum 29. September 1840 an den Lübbener Magistrat und das Antwortschreiben[58] vom 22. Oktober 1840 des Magistrates von Lübben nach Mittenwalde. Erst neun Jahre später konnte endlich mit dem Bau der Trasse begonnen werden. Gegen 1860 war das Planum der Straße in Richtung Lübben fertig. Also der teilweise noch heute erkennbare ‚Schotterweg'. Zwischenzeitlich waren allerdings andere verkehrstechnische Prioritäten gesetzt worden. Wenige Kilometer neben der bereits trassierten alten Handels- und Heerstraße führte in Halbe die neue Eisenbahnlinie nach Cottbus und Görlitz vorbei. Zeit war auch damals schon Geld wert. Die Eisenbahn ist schneller, effektiver und pünktlicher als Transporte per Pferdewagen und Postkutsche. Der weitere Ausbau der Straße über den Brand wurde eingestellt. Ab jetzt ging es Schlag auf Schlag. Die Chaussee Halbe – Wendisch

Buchholz war 1878 fertig und damit eine direkte Anbindung an den Bahnhof gesichert. 1878 war auch Baubeginn für die Chaussee in Richtung Leibsch und weiterführend zur Handelsstraße zwischen den Messestädten Leipzig und Frankfurt (Oder) bei Birkenhainchen, der heutigen B87. Jetzt war endgültig das Aus für die alte Heeres- und Handelsstraße über den Brand gekommen. Zusammenfassend kann festgestellt werden, mit dem erwähnten massiven Rückgang der Weidehaltung, dem Straßenausbau von Märkisch Buchholz über Neu Lübbenau nach Lübben und der Görlitzer Eisenbahn, verlor die alte Handelsstraße im Verbund mit ihren beiden Schenken Hungriger Wolf und Neue Schenke an jeglicher Bedeutung. Die Schäfereien nebst Ausschank wurden aufgegeben und die Heideflächen aufgeforstet.

Eine weitere Verbindungsstraße über den Brand verband die Stadt Golßen mit dem Bahnhof Brand und den Dörfern des Unterspreewaldes. Sie führte an der ehemaligen Neuen Schenke vorbei. Nach 1960 wurde diese Verbindungsstraße gekappt und Bestandteil des sowjetischen Flugplatzes. Somit entfiel die Anbindung der Dörfer des Unterspreewaldes an den für seine Bauern so wichtigen Bahnhof und darüber hinaus ihre direkte Zufahrt zur Autobahn. Als Folge wurde der einstige Wald- und Feldweg Krausnick - Schönwalde zur Straße ausgebaut. Das gesamte militärische Sperrgebiet musste ab da weiträumig umfahren werden.

Der Bahnhof Schönwalde konnte den Umschlag der erforderlichen Transportleistungen vom Bahnhof Brand nicht übernehmen. Es fehlten einfach die entsprechenden Gleisanlagen. Ein paar Waggons mit Kohle, Kartoffeln und Rüben konnten be- und entladen werden, das brachte schon den Schönwalder Bahnhof an die Grenze des Machbaren. Die meisten Gütertransporte mussten nun hauptsächlich durch die Bahnhöfe in Lübben und Halbe übernommen werden. Für die Bauern aus den östlich gelegenen Dörfern bedeutete das einen erhöhten Aufwand.

2.6. Der Bahnhof Brand im Wandel der Zeiten

Der Bau der Eisenbahnstrecke von Berlin nach Görlitz, wie bereits schon angedeutet, war ursprünglich unter militärischen Gesichtspunkten geplant und dadurch auch forciert gebaut wurde. Vom ersten Spatenstich am 13.04.1865 vergingen nur etwas mehr als zwei Jahre, und am 31.12.1867 konnte der Betrieb auf der gesamten Strecke aufgenommen werden. Schlesien und Böhmen sollten so schneller erreichbar werden. Da hatte sich aber schon die ursprünglich vorgesehene militärische Nutzung erübrigt. Die Auseinandersetzung zwischen Österreich und Preußen war zugunsten Preußens entschieden und eine zivilere Nutzung gewann immer mehr an Bedeutung. Entlang der Eisenbahnstrecke entstanden zuerst viele kleine Haltepunkte. Auch im Flecken Brand entstand solch ein Haltepunkt. Anfangs nur einer von vielen unbedeutenden Bahnstationen an der Berlin – Görlitzer Eisenbahn. Seine Lage zwischen den Dörfern des Unterspreewaldes und denen in Richtung der Stadt Golßen blieb jedoch nicht ohne Folgen. Letztendlich waren es handfeste wirtschaftliche Interessen und Notwendigkeiten, um von den Gütern und Bauernwirtschaften deren landwirtschaftliche Produkte auf die Märkte nach Berlin, zu den Schlachthöfen und den Lebensmitteln verarbeitenden Firmen kostengünstig transportieren zu können. Der Ausbau des Haltepunkts Brand zu einem Kleinbahnhof stand an. Ein Freiladegleis, eine Laderampe und eine Stückgutabfertigung entstanden. Sie waren für die umliegenden Dörfer von großer Bedeutung und auch ein wichtiger Impuls für deren wirtschaftliche Entwicklung. Hier ein Blick über die alten Gleise des Bahnhofs. Links Wasserturm, rechts Stückgutabfertigung.

Der Bahnhof war bis zum Ende der DDR ein bedeutender Umschlagplatz für alle möglichen landwirtschaftlichen Erzeugnisse. Ab Ende des II. Weltkrieges und bis weit in die fünfziger Jahre des vorigen Jahrhunderts hinein wurden auf dem Bahnhof Vieh, Getreide, Kartoffeln und andere bäuerliche Erzeugnisse verladen. Dazu gab es u. a. auch in der 1950er Jahren eine VEAB-Erfassungsstelle. Es war aber nicht nur ein Abtransport von Gütern zu gewährleisten, auch diverse Schüttgüter für den Bedarf in den Dörfern wurden hier umgeschlagen. Kohlen für den Heizbedarf, Baustoffe und Stückgüter sind dafür beispielgebend zu erwähnen. Mit dem Ausbau der Personen- und Gütergleise mauserte sich der Haltepunkt zu einem richtigen Bahnhof. Neben dem dominanten Bahnhofsgebäude entstand so auch eine kleine Betriebsmittel-Versorgungsstation mit Wasserturm, dem obligatorischen Wasserkran und einem Kleinkohlelager zur Versorgung der Loks.

Vor allem für die Güter-
zuglokomotiven war das
wichtig, denn sie hatten
nicht nur den An- und Ab-
transport der verschie-
densten Güterwagen zu
sichern, sondern auch
noch die Rangierleistun-
gen zu den Be- und Entla-
depunkten des Bahnhofs
zu bewerkstelligen. Da
waren dann schon schnell
die Wasser- und Kohlevor-
räte der Dampfrösser auf-
gebraucht und bedurften
ihrer Auffüllung. Auf den Bahnsteigen und Verschiebegleisen waren zu Dampflokzei-
ten die Baureihen 38, 56, 52 oder 44 häufig anzutreffen. In dem Zusammenhang ist
zu beachten, dass zur damaligen Zeit fast keine Ganzzüge, also Güterzüge nur mit
gleichem Ladegut gebräuchlich waren. Die gebräuchliche Zugbezeichnung war die
Übergabe, also ein Zugverband, der aus verschiedensten Güterzugwagen bestand.
Solche Übergabezüge wurden in den großen Rangierbahnhöfen, wie z. B. Berlin-
Schöneweide entsprechend ihren Zielorten zusammengestellt. Das konnten Kessel-
wagen, geschlossene und offene Güterwagen, Schüttgutwaggone aber auch Kühl-
wagen in einem Zugverbund sein. Im Zielbahnhof, wie hier Brand, wurden diese dann
zu den entsprechenden Stationen rangiert. Nicht alle entladenen Waggons fuhren
leer zurück. Effektiverweise erfolgte daher bei vielen eine Neubeladung, was bei der
DR der DDR etwas ganz Normales war. Dazu kamen aber auch noch Rangierleistun-
gen besonderer Art. Einmal waren die schweren Erzeugnisse vom Betonwerk Brand
zu verladen und zum anderen führte ein Gleis direkt auf den sowjetischen Flugplatz.
Gerade dieses Gleisstück war für den An- und Abtransport militärischen Bedarfs und
zur Versorgung der auf dem Flugplatzgelände lebenden Soldaten und Zivilpersonen
von großer Bedeutung. Wer erinnert sich noch heute daran, dass über dieses Gleis
auch hochrangige Personen in einem Sonderzug bis nach Berlin gefahren sind. Man
muss wissen, es gab Anfang der sechziger Jahre noch keinen funktionierenden Flughafen Berlin-Schönefeld, auf dem die Staatsbesuche der DDR landen konnten. So
landeten vor allem Gäste aus den Ostblockstaaten mit ihren Düsenjets auf dem Flugplatz Brand mit seinen 2.500 Meter langen Start- und Landebahnen. Neben dem sowjetischen Partei- und Regierungschef Nikita Sergejewitsch Chruschtschow waren das
auch der erste Kosmonaut Juri Gagarin und die erste Frau im All Valentina Tereschkowa. Durch die Reichsbahndirektion Cottbus ist ein Sonderzugtriebwagen für ihre
Freundschaftsreise durch die DDR bereitgestellt worden.

Die Eisenbahnstrecke war auch volkswirtschaftlich für die DDR von großer Bedeutung. Über sie rollten die Kohlezüge aus den Braunkohlerevieren der Lausitz nach Berlin und weiter in die Nordbezirke. Selbst Berlin-West erhielt aus der Lausitz Kohle für seine innerstädtischen Kraftwerke über diese Strecke. Bis 1977 konnte dann das zweite Gleis bis Lübbenau wieder verlegt werden. Der Traktionswandel, weg vom Dampfbetrieb hin zu Dieselloks mit den BR120 und 132 aus sowjetischer Produktion, aber auch solche aus DDR-Lokschmieden wie die BR118, 110 oder 106 waren auf den Gleisen vom Brand[59] bald anzutreffen. Mit den dann folgenden Elektroloks aus Hennigsdorf veränderten sich der Betriebsablauf und das Gesicht des Bahnhofs Brand weiter. Wasserturm, Wasserkran und die Kleinbekohlung wurden nicht mehr benötigt. Als dann ab Ende der 1970er bis Anfang der 1980er Jahre des vorigen Jahrhunderts die Strecke bis Lübbenau und fortführend ins Senftenberger Revier elektrifiziert wurde, blieben Wasserturm und Wasserkran nur noch als Relikte einer vergangenen Eisenbahnepoche übrig.

Der Wasserturm ist auch eine Besonderheit, sein Speicher ist in diesem Gebäude untergebracht. Die geschilderten Betriebsabläufe auf dem Bahnhof hatte allerdings wenig Einfluss auf den kleinen Flecken Brand. Viele der Reichsbahner waren in den angrenzenden Dörfern oder in Lübben wohnhaft. So lebten 1958 in dem Flecken Brand[60] 52 Einwohner. Die Angaben betrafen die paar Häuser rund um den Bahnhof. Die Region um den Brand wurde und wird auch noch in der Gegenwart hauptsächlich durch Landwirtschaft geprägt. Großflächige Weidewirtschaft um die Dörfer Krausnick, Groß Wasserburg, Köthen oder Briesen prägen ihre Gemarkungen und der Ackerbau zwischen Rietzneuendorf, Waldow bis hin nach Schönwalde zeugen auch heute noch vom Bauernfleiß. Ein letzter Blick über die Bahnhofsausfahrt Richtung Lübben machen den eisenbahntechnischen Wandel deutlich. Stellwerk, Signale, E-Maste und der Straßenübergang der Landstraße Golßen – Krausnick lassen Erinnerungen an eine arbeitsreiche Zeit wach werden. Übrigens die heutige Brücke gab es noch nicht.

Bis 2011 erfolgte eine weitere Modernisierung der Strecke, denn 160 km/h erforderten einen neuen Gleisoberbau und modernere Oberleitungen. Die sogenannte Kohle-

bahnstrecke wurde technisch aufgerüstet, obwohl Kohle als Energieträger, das war schon damals klar zu erkennen, bald keine Zukunft mehr hat. Im Zusammenhang mit dem Streckenumbau bot es sich an, dass auch die umfangreichen Gleisanlagen im Bahnhofsgelände zurückgebaut werden. Übrig geblieben ist ein kleiner Haltepunkt für Personenzüge und die langen Güterzüge rauschen einfach durch. Tropical Islands ist neben den täglichen Pendlerzügen der wichtigste Grund für einen Halt auf dem Bahnhof Brand. Die vorherige Aufnahme zeigt die Gleise nach der Modernisierung und entstand von der neuen Straßenbrücke aus.

Ab 1995 begann sich der Tourismus immer stärker zu einem wichtigen und ständig wachsenden Wirtschaftszweig zu entwickeln. Nachdem die riesige Cargo-Lifter-Halle von Tropical Islands zum größten überdachten Tropenbadeparadies umgebaut wurde und der Unterspreewald verkehrstechnisch über die neu ausgebaute Landstraße bequem zu erreichen ist, gewinnt der Haltepunkt Brand immer mehr an Bedeutung. Tropical Island und der Unterspreewald sind heute bekannte und anerkannte Urlaubs- und Erholungsziele für Touristen aus Deutschland und vielen europäischen Staaten.

2.7. Anmerkungen zu Jagd und Waldwirtschaft

Holz aus einheimischen Wäldern war der Rohstoff über Jahrhunderte. Holz wurde vielfältig genutzt. Einmal als Heizmaterial und zum anderen benötigte das Handwerk und die ersten Manufakturen eine gehörige Menge an Holz. Neben dem reinen Holzeinschlag befinden sich daneben immer wieder Holzmeiler zur Herstellung von Holzkohle und pechartigen Produkten. Selbst als universelles Schmiermittel für Jedermann fand das Pech seinen Absatz. Diese Tätigkeiten sicherten damals das Leben von mehreren Familien in der Grenzregion, Zitate[61]: "... zum Lebenserwerb der Waldarbeiter gehörte: das Pechsieden, auch Pechkochen genannt." ALWIN ARNDT charakterisierte die Teerschwelerei als einen bedeutenden Faktor im Wirtschaftsleben des 18. Und 19. Jahrhundert. Am Rand vom Brand gab es daher mehrere Pechbrennereien. Eine sehr wichtige befand sich an einem der Heideseen. Als Pichersee ist er noch in der heutigen Zeit benannt. Picher war die Berufsbezeichnung für einen Köhler. Die Pechbrennerei wurde innerhalb der Familie immer wieder vererbt. Es war ja auch ein lukratives Geschäft, Zitat[62]: „Vor dem Siebenjährigen Krieg kostete in Berlin eine Tonne Teer 1 Taler 12 Groschen, auch 14, höchstens 18 Groschen, im Jahre 1763 dagegen 5-6 Taler." Noch 1936/37 fotografierte PAUL PULS bei seinen Wanderungen Reste der Pechbrennereien südlich von Buchholz. Ein solcher Pechofen befand sich auch nahe dem Luchsee bei der Brand-Försterei. Heute ist dort ein kleiner informativer Rastplatz für Wanderer und Radfahrer angelegt.

Mitte des 19. Jahrhunderts wurden die ersten eisernen Wagenachsen hergestellt. Das bedeute, dass ein bedeutender Teil des Absatzmarktes für die Pechbrenner weggefallen ist. Auch die wachsende chemische Industrie tat mit ihren Produkten das Übrige und so gingen alle Pechbrennereien am Rand des Brands ein. Wenn überhaupt, dann werden in der heutigen Zeit nur noch Meiler für die Holzkohlegewinnung gesetzt. Die Teerschwelerei am Pichersee wurde aufgegeben und der preußische Staat kaufte das Areal auf. Es entstand eine Försterei, anfangs nur mit einem Forstaufseher besetzt - Bild links.

Für die Mark Brandenburg erließ König Friedrich II. 1770 eine Kabinettsorder, dass unfruchtbare Sandböden mit Kiefern zu „besäen" sind. Er setzte dabei für die preußischen Staatsforste eine Schlageinteilung mit einem 70-80jährigen Umtrieb ein. Das Anlegen von Kiefer-Monokulturen begann also bereits vor rund 250 Jahren in Brandenburg. Auch der Brand war von dieser Entwicklung nicht abgekoppelt. Nur hin und wieder unterbrachen mächtige alte Eichen und Birken diese Monotonie. In 1772 entstand die preußische Oberförsterei in Klein Wasserburg. ALWIN ARNDT, der bekannte Regionalgeschichtsforscher, führte dazu an[63]: "Nach der Separation, die hier erst 1849 beendet wurde, haben die einzelnen Besitzer das Gelände aufgeforstet. Mit den Jahren ist dann der Wald so geworden, wie wir ihn heute sehen: Kiefernwald." Forstwirtschaft begann sich schrittweise zu entwickeln. Die Kiefer ist der Brotbaum der brandenburgischen Forste und wird es aller Wahrscheinlichkeit noch eine Zeit lang auch bleiben. Eine harte und anstrengende Tätigkeit für die Forstarbeiter. Holzeinschlag und sein Abtransport aus den Krausnicker Bergen dokumentieren das. Die beiden folgenden Fotos sind in den 1960er Jahren des vorigen Jahrhunderts entstanden.

Seit Mitte der 1980er Jahre werden verstärkt einige der Kahlschläge mit Laubbäumen aufgeforstet, um so der alten Monokultur auf dem Brand und den Krausnicker Bergen zu begegnen. Eine Rückführung des Brandes in eine Heidelandschaft ist zweifelsfrei unrealistisch. Die vorhandenen Naturschutzflächen rund um den Luchsee und auf dem Gelände von Tropical Islands erfordern bereits jetzt viel Engagement und Ressourceneinsatz. Bei den ehemaligen Eigentümern und Nutzern des Brandes und seiner Umgebung stand neben dem Baumbestand auch immer das Wild im Mittelpunkt des Interesses. So ist die Jagd in den Revieren auf dem Brand eine über die Jahrhunderte hinweg entwickelte Tradition geblieben. Mit dem gezielten preußisch königlichen Erwerb der kleinen Güter am Rande des Brands entstand ein großes zusammenhängendes Jagdrevier. Die königlichen und kaiserlichen Jagden gingen oft von Königs Wusterhausen aus. In Hammer richtete sich der deutsche Kaiser eine ‚bescheidene Jagdhütte' ein. Auf dem Halber Bahnhof wurde dazu ein sogenannter ‚Kaiserbahnhof' errichtet. Erst mit der Bodenreform hat man diesen Landbesitz der Hohenzollern enteignet und aufgeteilt. Nach der Abdankung des Deutschen Kaisers regulierte jedes Land in Deutschland das Jagdrecht entsprechend seinen Gegebenheiten neu. Auch in Preußen war das so. Es konnte allerdings nicht in die Jagdrechte der Grund-/Waldbesitzer eingreifen und war daher nur für die ihm gehörenden Bodenanteile zuständig. In der Krausnicker Chronik finden wir dazu ein paar interessante Einträge. Neben den preußischen Jagdvorschriften auch das Ergebnis einer Jagd der Brand-Försterei.

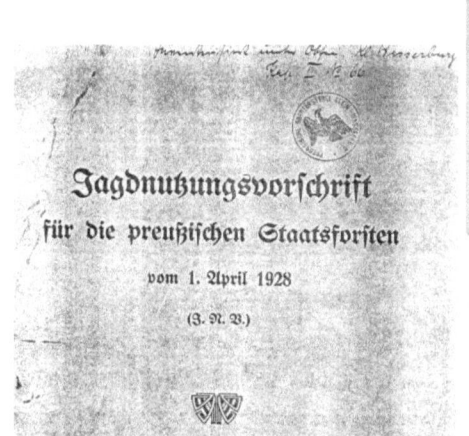

Jagdgesellschaft um Krausnicke ca. 1933/34
- Förserei Brand im Dienst Förster Schulz
- Kunst der Jagd - ca. 160 Herrn
zeigt uns das Jagdergebnis

Nach der Bodenreform von 1946 und den Enteignungen war das Jagdrecht nicht mehr an den Bodenbesitz geknüpft. Das setzte sich auch in der DDR fort. Zur Jagdausübung waren Prüfungen und Erlaubnisscheine nötig. Mitglieder der Jagdgesellschaften waren vielfach auch Besitzer von Jagdwaffen. Der einzige legale private

Waffenbesitz in der DDR. So haben sich auch im Bereich des Brandes, respektive seiner verbliebenen Restflächen, Jagdgesellschaften gegründet. Gebiete mit einem hohen Rot- und Schwarzwildbestand entstanden. Begünstigt wurde deren Populationsvergrößerung auch durch die nach 1960 geschaffenen großflächigen Ackerstrukturen der LPGen. Weiter in der regionalen Geschichte. In den 60er, bis Mitte der 70er Jahre unterhielt der Forstwirtschaftsbetrieb auf seinem Forsthof am Picher-See eine intensive Entenzucht. Dies brachte den See an den Rand des ökologischen Todes. Das Plankton, also die überwiegend pflanzlichen und tierischen Einzeller starben ab. Schwarzer Faulschlamm sank auf den Seeboden und erstickte fast jedes Leben im See. Viele Ortsgruppen des Anglerverbandes der DDR engagierten sich damals aufopferungsvoll bei der Rettung ihrer Heideseen. Dann kam Hilfe von 'Oben'. Diese Hilfe von 'Oben' war jedoch von Eigennutz geprägt. Es floss Geld aus dem Fonds des Außenministeriums der DDR und der Reitstützpunkt entstand. Das Wasser des Picher-See wurde mittels einer Art überdimensionierten Umwälzpumpe mit Sauerstoff angereichert. Sie sahen wie Turbinen aus und waren mittig auf dem See platziert. Der Picher-See ist einer von mehreren derartigen Testgewässern in der DDR gewesen. Erfolgreich getestet und die Wasserqualität stimmte wieder, kamen diese Anlagen anschließend auch auf dem Groß Leuthner See zum Einsatz. Urlauber und Ausflügler spüren von diesen ehemaligen Umweltsünden nichts mehr. Sie können in vollen Zügen die sie umgebende Natur genießen. Teile der Krausnicker Berge und des Brands gehörten mit zu einem DDR-Staatsjagdgebiet. Gegen harte Devisen konnten dort vorwiegend westliche Diplomaten ihre Jagdpassion frönen und manch kapitalen Hirsch oder Keiler zur Strecke bringen. Neben den geschilderten Veränderungen am Picher-See waren weitere "staatliche Maßnahmen" angeordnet. So wurde z. B. der Campingplatz am Köthener-See kurzerhand geschlossen. Eventuell entstehende Kontakte oder gar Beziehungen zu den zu erwartenden westlichen Diplomaten sollten so verhindert werden. Zuerst war vorgesehen, dass er direkt neben dem neu entstandenen Randkanal gleich hinter Groß Wasserburg wieder entstehen sollte. Nachdem die ersten Fundamente gegossen waren, wurde dieser Plan schon wieder verworfen und dafür der Neuendorfer See letztendlich für die Urlauber und Campingfreunde umfassend erschlossen. Eine Zersiedlung der Landschaft, wie in vielen vergleichbaren Urlaubsgebieten gang und gäbe, konnte so nicht erfolgen. Die Orte rund um den Brand haben u. a. durch diese Zwangsmaßnahmen weitgehend ihre dörfliche Struktur behalten und können sie heute für einen sanften Tourismus werbend einsetzen. Aber wer ahnte damals schon, dass rund 10 Jahre später diese Maßnahmen dank der Wende ad acta gelegt werden. Das DDR-Staatsjagdgebiet war nun Geschichte. Nach dem Beitritt der DDR zur BRD wurde auch das bundesdeutsche Jagdrecht gültig. Es fußt auf dem Bürgerlichen Gesetzbuch und band das Jagdrecht wieder direkt an den Besitz von Grund und Boden. Im März 1993 ist dann durch den Landtag das 'Brandenburgische Landesjagdgesetz' verabschiedet worden. Doch zurück zum Picher-See am Rand des Brands. Heute ist das an seinem Ufer entstandene ‚Gestüt Pichersee' ein Magnet für Liebhaber des Pferdesports und ein ehemaliger Olympiateilnehmer unterstützt die Sportfreunde sicherlich noch weitere Jahre.

Auf dem Wehla-Berg lockt ein Aussichtsturm. Der Wanderweg zu ihm ist die bereits erwähnte "... ehemalige Landstraße Oderin - Groß Wasserburg, ..."[64] und kreuzt sich ca. 1,5 km hinter Groß Wasserburg mit dem Fahrweg von Köthen nach Krausnick. 1994 erfolgten Neuanpflanzungen von Eichen, um die Lücken in der Wegbegrenzung zu schließen. Die Kuppe des Wehla-Bergs lädt Wanderer zur Rast ein und der Aussichtsturm garantiert einen herrlichen Rundblick über den Unterspreewald und Brand. Bei guter Sicht ist sogar die Silhouette Berlins zu erkennen.

Ein Vorläufer dieses Turmes wurde schon 1908 errichtet. In der Ortschronik von Krausnick[65] ist dazu zu lesen: „Am Abend war Einmarsch mit Parademarsch vor dem Schloß, der jetzigen Pfarrei, unter Fackeln und bengalischem Feuer. Die Soldaten hatten die Aufgabe, unter Leitung des Herrn Trigonometer Beer, auf dem Wehlaberg, 142 Meter über dem Meeresspiegel, einen hölzernen Sockelturm – 32,4 m hoch – zu erbauen, so dass für die Landesaufnahme ein Höhepunkt von 173,4 m über dem Meeresspiegel gewonnen ist. Wie schneidig und emsig die Soldaten ihre Aufgabe lösten, beweist der Umstand, dass in 14 Arbeitstagen der ganze Wehla-Turm vollendet war."

Für die kaiserliche Pioniereinheit war es zum einem eine gelungene Übung und zum anderen aber gerade für die Soldaten eine willkommene Unterbrechung ihres Kasernendienstes.

Aus späterer Zeit stehen noch die beiden Feuerwachtürme auf der Nebenkuppe des

Wehla-Berg.

Am zugefrorenen Mittelsee

Vom Wehla-Berg aus gelangt man an die Heideseen und dann weiter zum Köthener-See. Eingebettet in kleinen Senken am Rande der eiszeitlichen Staumoräne befinden sich in der Gemarkung von Groß Wasserburg der Picher-, Mittel-, Schwanen- und Triftsee. Etwas abseits liegen der Märchen- oder Schibingsee sowie der Kleine und Große Wehrigsee. All diese Seen werden nur von Grundwasser und Niederschlag gespeist. Durch die Zeiten hindurch haben an und auf diesen kleinen Seen Fischer und Angler ihrem Beruf und Hobby frönen können. Manch Aal, Hecht, Zander, Karpfen, Plötze, Rotfeder oder Barsch fand so den Weg in die Töpfe und Pfannen der Bauern. Wenn in heutiger Zeit die Seen auf dem Brand hauptsächlich dem Angelsport dienen, war das in vergangenen Zeiten nicht so. Da Jagd- und Fischereirechte an den Grundbesitz gebunden waren, unterlag deren Vergabe selbstverständlich der Genehmigung des Eigentümers. Für den Brand war dafür der Königliche Forstmeister in Klein Wasserburg zuständig. Ihm unterstellt war der Förster zu Krausnick. Das Fischereirecht betreffend wurde er mit Schreiben[66] der Königlichen Hofkammer vom 15. März 1892, übrigens als "Königliche Angelegenheit" deklariert, davon in Kenntnis gesetzt, "... daß wir dem

Fischereipächter Gärisch die Erlaubniß erteilt haben ..." [...] "... den Aalfang ausüben zu dürfen."

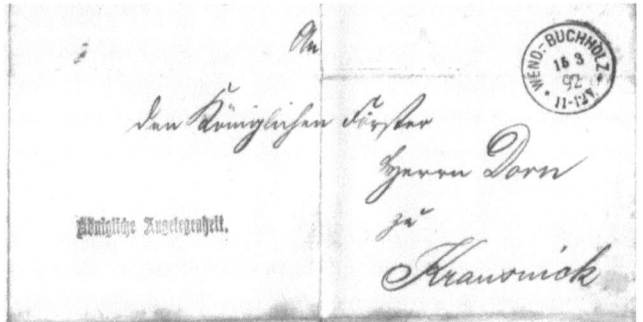

Diese Erlaubnis betraf mehrere Heide-seen. Die Kontrollpflicht in dieser Angelegenheit oblag dem Krausnicker Förster Dorn. Er war deshalb zuständig, weil auf dem Forstgrundstück am Picher-See nur ein Forstaufseher wohnte und kein königlicher Beamter.

An dieser Stelle ein paar Bemerkungen zum Luchsee. Er prägt seit eh und je, wie all die anderen kleinen eiszeitlichen Seen den Brand. Übrigens, Luch ist eine alte sorbisch/wendische Bezeichnung für Sumpf. Der moorige Boden rund um den See gab ihm daher auch seinen Namen. Bereits 1941 ist der See als Landschaftsschutzgebiet ausgewiesen und behielt diesen Status bis zu Biosphärenzeiten. Der Luchsee gilt heute als das größte Kesselmoor im Land Brandenburg.

Der Luchsee im Jahr 1937

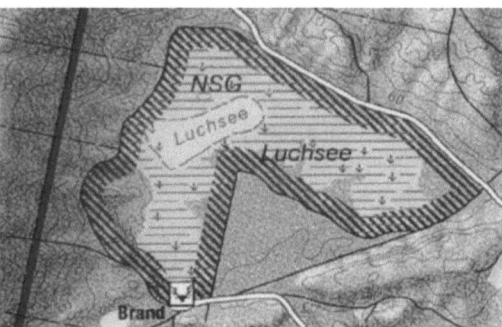

Das quer Schraffierte war der Luchsee um 1937

Im Jahr 1975 lag das Seeufer nur ca. 20 Meter vom vorbeiführenden Fahrweg entfernt. Heute muss man schon gut zu Fuß sein, um das Ufer nach einem beschwerlichen Weg durch buschartigen Bewuchs zu erreichen. Innerhalb von 45 Jahren sank der Wasserspiegel rapid. Auf dem obigen Kartenausschnitt werden die dramatischen Veränderungen der letzten 60 Jahre deutlich vor Augen geführt. Zitat des heute zuständigen Revierförsters[67]: "Eineinhalb Meter Wasser fehlen im See und im Moorkörper." Weiterhin führt er an, "Der See wird über Grundwasser und Niederschläge gespeist." Eine Ursache für den großflächigen Eingriff in den Kreislauf der Natur und damit auch in den Wasserhaushalt vom Brand war ein durch die vielen Braunkohletagebaue verursachter riesiger Grundwasserabsenkungstrichter. Nach Beendigung flächendeckenden Kohleförderungen in der Niederlausitz beginnt sich dieser so entstandene Naturschaden langsam zu regenerieren. Die vielen gefluteten Tagebaue tun dazu sicher ihr Übriges. Ursachen für die fortschreitende Verlandung sind aber auch ein überalterter dichter Kiefernbestand rund um den Luchsee, das Fehlen von Traubeneichenbeständen im Wechsel mit Freiflächen und die Auswirkungen vom Trinkwasserbrunnen bei Krausnick. All diese Faktoren führten letztendlich zu der bedrohlichen Schrumpfung vom Luchsee. Im Dezember 2007 fand deshalb eine Arbeitstagung zur Erörterung von Maßnahmen zum Schutz des Moorsees statt. Als erforderliche Maßnahmen werden der Waldumbau, Stopp der Entwässerung im Krausnicker Polder, die Entkuschelung auf den ehemaligen Moorflächen sowie die Senkung der Fördermengen durch das Krausnicker Wasserwerk angesehen. Konsequent angewandt und vor allem durchgesetzt könnten sie den Erhalt und damit eine Renaturierung des Luchsee fördern. Seine ursprüngliche Größe wird er allerdings nie mehr erreichen.

Diese Endmoränenlandschaft, mit den Krausnicker Bergen und seinen vorgelagerten Sandern, ist ein Stück unverwechselbare brandenburgische Heimat, die zum Wandern, Radfahren und Reiten einlädt. Der augenscheinliche Gegensatz zwischen dem flachen Unterspreewald und den direkt angrenzenden Bergen übt dabei einen eigenen unverwechselbaren Reiz aus.

3. Die militärischen Hinterlassenschaften auf dem Brand

Das heutige Landschaftsbild vom Brand suggeriert Ruhe und Beschaulichkeit. Aber dieser Eindruck täuscht. Krieg und Militär waren in den vergangenen Jahrhunderten auch in dieser Region mit unterschiedlicher Intension gegenwärtig und bedrohten oft genug Mensch und Landschaft.

3.1. Krieg und Verwüstung

Krieg war durch die Jahrhunderte auf dem Brand gegenwärtig. Immer wieder zogen Armeen oder marodierende Söldnerhaufen über den Brand. So war der 30jährige Krieg ein solch prägnanter Einschnitt für den Brand und die ihn umgebenden Dörfer und Städte, der noch lange nachhallte. Dabei spielte es keine Rolle, für welchen christlichen Glauben die Armeen kämpften. Mord, Vergewaltigungen und Plünderungen gehörten zum Kriegsalltag. So zogen im Juli und September 1620 protestantische Söldner durch die Region. Sie brandschatzten ebenso wie die katholischen Truppen, auch wenn sie eigentlich als Protestanten die Bevölkerung lutherischen Glaubens schützen sollte. MÜLLER[68] verwies in seinen Schilderungen mehrfach in diesem Zusammenhang auf die Heerstraße über den Brand. So führte er unter anderem an: „Auf dieser Verkehrsader zog die Soldateska des 30jährigen Krieges, Not und Schrecken verbreitend durch die Lande". 1627 war es das Conti Torquatische Regiment, das in den Dörfern Tribut erpresste. Zehn Jahre später kamen die Soldaten der katholischen Reichsarmee unter Gallas, die über den Brand zogen und u. a. Krausnick abbrannten. An Briesen und Oderin, damals im Besitz derer von Stutterheim, ging der Krieg gleichfalls nicht spurlos vorüber. Auch hier forderte er seinen Tribut in Form von Verwüstung und Zerstörung. So war der Ort Briesen[69] im Ergebnis des 30jährigen Krieges stark verschuldet. Alles immer frei nach Wallensteins Maxime: „Der Krieg ernährt den Krieg". Schutz vor den Übergriffen der Soldateska suchten die Bewohner aus den am Brand liegenden Orten mehrfach in den unzugänglichen Bereichen der Krausnicker Berge. Die Schluchten waren solch Zufluchtsstätten für Mensch und Tier. Der ehemalige Krausnicker Pfarrer ERXLEBEN[70] beschrieb einen derartigen Vorgang. Nachdem das Dorf Krausnick einer marodierenden schwedischen Soldateska zum Opfer gefallen war, suchten die überlebenden Einwohner von Krausnick in der Wolfsschlucht und Wasserburg Schutz und Zuflucht. 1637 bis 1642 hielt dann der Buchholzer Pfarrer Johannes Lubesa seine Gottesdienste im heutigen Groß Wasserburg ab. Als Krausnicker Vorwerk lag es damals in einer abgeschiedenen Lage, die von Sumpf und Morast umgeben war. So war sein natürlicher Schutz gewährleistet. Der zweite Umstand war, dass damals Wasserburg kein lohnendes Ziel für Plünderungen darstellte. Seine Handvoll Bewohner kamen so recht glimpflich davon.

Knapp 100 Jahre nach Ende des 30jährigen Krieges zogen im Wechsel preußische und österreichische Truppen während der Schlesischen Kriege über den Brand. 1741/42 und 1756 marschierten zumindest Teile der Armee von Friedrich II. über diese Heerstraße. 1757 waren es dann 3.400 Mann österreichischer Truppen unter Feldmarschallleutnant Hadik, die auf Berlin zu marschierten und es kurz besetzten. In Krausnick stationierte er zur Deckung seines Rückzuges Soldaten[71], Zitat: "Zur Sicherung der Straße Lübben Wendisch Buchholz legte er ein Kommando Husaren, das von einem Oberleutnant geführt wurde, nach Krausnick." Das Amt Krausnick musste gemeinsam mit seinen 6 dazugehörenden Dörfern diese Stationierung teuer mit "... insgesamt 848 Taler 2 Silbergroschen..."[72] bezahlen. Daneben wurde selbstverständlich auch fast das gesamte Vieh requiriert. Ein Beispiel von mehreren, dass veranschaulicht, letztendlich war es immer wieder die zivile Bevölkerung, die am meisten unter Krieg und Verwüstung zu leiden hatten.

Auch während der napoleonischen Besetzungen und dem nachfolgenden Befreiungskrieg ging es auf dem Brand nicht besonders friedlich zu. 1806 haben napoleonische Truppen und 1813 preußische Landsturmsoldaten den Brand gequert. Kleinere Einheiten suchten auch damals die umliegenden Dörfer heim. Requirierung war also immer noch ein probates Mittel zur Versorgung der Truppen. Besonders die Orte in der Nähe von solch für die Heere bedeutenden Marschstraßen hatten darunter zu leiden. Es dauerte dann Jahre, um die erlittenen Verluste an Vieh und materiellen Gütern wieder zu kompensieren.

Ähnlich den Ereignissen im 30jährigen Krieg grub sich das Ende des II. Weltkrieges fest in das Gedächtnis der Bevölkerung ein. Ziemlich spät ist dieser Krieg, respektive die unmittelbare persönliche Konfrontation mit ihm, in den Unterspreewald und auf den Brand gekommen. Die Veröffentlichungen zu den letzten Wochen des II. Weltkrieges in den Büchern „Der Kessel von Halbe" und „Die Befreiung der Lausitz" geben einen Einblick in dies mörderische Geschehen. Von Lübben, über Krausnick und Storkow bis nach Ketschendorf sollte eine neue deutsche Frontlinie aufgebaut werden. Am 25. April 1945 gehörten zum sich abzeichnenden späteren Kessel von Halbe noch der Unterspreewald und der Brand. Bereits am 27. April verlief jedoch die neue Kampflinie bereits von Leibsch über Märkisch Buchholz in Richtung Halbe. Selbst Hitlers sogenannte 'Elitesoldaten' waren nicht mehr in der Lage ernsthaften Widerstand zu leisten. Ursache für diesen schnellen und massiven Fronteinbruch war ein gescheiterter Durchbruchversuch von mehreren deutschen Restverbänden. Am 25. April um 20 Uhr begann dieser Ausbruchversuch der 35. SS-Polizei-Division im Verbund mit Resten der 10. SS-Panzerdivision und des V. SS-Gebirgs-Korps unter Führung des Divisionskommandeurs Standartenführer Pipkorn von Schlepzig ausgehend quer durch den Unterspreewald in Richtung Krausnick über den Brand auf Staakow zu. Die sowjetische 3. Gardearmee unter Generaloberst Gordow hatte den Durchbruchversuch noch vor Krausnick gestoppt[73] und in Richtung Groß Wasserburg abgelenkt. Hier konnten sich einige SS-Splittergruppen bis zum 27. April halten. Im Ergebnis dieses gescheiterten Durchbruchversuches sind allein auf dem Krausnicker Friedhof 43 namentlich bekannte und 17 unbekannte Soldaten beerdigt. Der größte Teil vom Brand und sein Flugplatz waren ab da in der Hand der Roten Armee. Der Ring, um den Halber Kessel hatte sich nun endgültig geschlossen. Im Rahmen dieser Kampfhandlungen hat ein Truppenteil der 4. Garde-Panzerarmee der 1. Ukrainischen Front mehrere Grundstücke in Groß Wasserburg am Dorfende in Richtung Köthen zwangsgeräumt. Eine Zeitzeugin berichtete, dass für fast sechs Wochen an dem errichteten Schlagbaum der Durchgang gesperrt war und die Hofbesitzer nur zusehen konnten, wie einige Gebäude ihrer Grundstücke abbrannten und der Rest der Plünderung anheimfielen. Gleich hinter dem Schlagbaum standen mindestens 20 Panzer T34 und warteten auf ihren Kampfeinsatz. Dazu sollte es aber nicht mehr kommen, denn mit der bedingungslosen Kapitulation Deutschlands vom 8. Mai 1945 war auch für diese Soldaten der Krieg beendet. Was blieb, das war ein verzweifelter, mörderischer aber letztendlich gelungener deutscher Durchbruchversuch der 9. Armee im Verbund mit Teilen der 4. Panzerarmee in Richtung Treuenbritzen. Es galt die Devise: "Rette sich, wer kann. Nur nicht in russische Kriegsgefangenschaft gelangen!" Ursache für die letztgenannten massiven Kriegshandlungen im April 1945 war der befohlene "Endkampf" bis zum letzten Mann. Halbe mit seinem riesigen Soldatenfriedhof ist ein mahnendes Synonym dafür, dass Krieg immer nur Tod und Vernichtung bringt. Die Heimatdichterin Erika Menze aus Groß Wasserburg geriet als sehr junge Frau in den Strudel des Ausbruchs. Ihre Erlebnisse schilderte sie in mehreren Veröffentlichungen. Für sie blieb als mahnendes Fazit: „Jeder Krieg ist Wahnsinn, Rassenhass unmenschlich! Warum werden die Menschen nicht vernünftig?" Noch heute, über 75 Jahre nach Kriegsende werden gefallene Soldaten beider Armeen in den Wäldern rund um den Brand gefunden und würdevoll nach Halbe umgebettet. Wie betont, einen besonders verheerenden Einschnitt in die Wälder des Brandes stellte dieser sinnlose Widerstand und dem angeblichen Entsatzkampf um die

Reichshauptstadt Berlin auch für die Zivilbevölkerung dar. Nach Erlebnisberichten verließen viele Menschen ihre Höfe. Meist waren es Frauen, Kinder und Alte, die wie ihre Vorfahren vor Jahrhunderten in den Wäldern der Krausnicker Berge und auf dem Brand Schutz suchten. Die Kampfhandlungen verursachten größere Flächenbrände in den Kieferwäldern. Zerstörte Kriegstechnik und Munitionsreste machten dann über viele Jahre den Brand nicht gerade zu einem sicheren Gebiet für Forstarbeiter und Pilzsucher. Wie gefährlich das Kriegserbe war und ist, sollen die folgenden Anmerkungen verdeutlichen. Erstens, in einem Groß Wasserburger Klassenbuch des Jahres 1951 ist ein Vermerk[74] unter der Rubrik "Bemerkungen" eingetragen: "Am 10.9.51 wurde eine Munitionsbelehrung durchgeführt." Weitere derartige Belehrungen fanden regelmäßig, und zwar nachweispflichtig vom 2. 10. 1951 bis zum 11.12.1951 statt. Sicher sind in den Jahren nach dem Krieg an allen Schulen der Orte rund um den Brand derartige Belehrungen vorgenommen worden. Nach über sechs Jahren Frieden war Leben also immer noch gefährdet. Zweitens, über mehr als 75 Jahren nach Kriegsende sind die Kampfmittelräumdienste auch heute noch mit der Beräumung von munitionsbelasteten Flächen auf dem Brand und seinen angrenzenden Wäldern beschäftigt.

3.2. Der deutsche Flugplatz

Wie kam es überhaupt zu einer solch großen militärischen Präsenz? In den 30er Jahren des vorigen Jahrhunderts begann eine Entwicklung auf dem Brand, die noch heute spürbare ist. Bei dem gesamten Genehmigungsverfahren sollte bedacht werden, dass das letztendlich beantragende Reichsluftwaffenministerium und der Reichsforstmeister ein und derselben Nazi-Größe unterstanden - Hermann Göring. Genehmigung also reine Formsache in einer Zeit der Hochrüstung auf den bereits anvisierten Krieg.

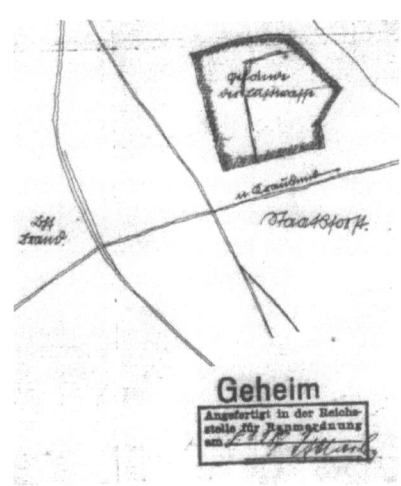

Auf einem Teil vom Brand erfolgte eine großflächige Rodung. In den Jahren 1937 bis 1939 entstand darauf der Feldflugplatz. Ausschlaggebend für die Schaffung des Flugplatzes dürfte seine Nähe zu den Truppenübungs- und Waffenerprobungsplätzen der deutschen Wehrmacht bei Wünsdorf und zu Berlin gewesen sein. Das Zentrum von Berlin lag schließlich nur 60 km von der Startbahn entfernt. Er war von Anbeginn an als Fliegerschule konzipiert und hatte daneben die Funktion eines Ausweichflugplatzes. Von den damals errichteten Gebäuden ist durch die Nachnutzung des Geländes nichts mehr vorhanden. Umfangreiche Baumaßnahmen begannen. Neben dem Bau der Zweckgebäude musste eine der Landschaft angepasste Gras-Start- und Landebahn entstehen. Um ein entsprechendes Flugfeld herzurichten, war dazu zuerst der vorhandene Bewuchs auf einer Fläche von 825 x 1000 Meter abzutragen, anschließend wurde mit Torf und Erde planiert und zuletzt dann Rasensamen angesät. Die zum Einsatz kommenden Schulungsflugzeuge waren direkt neben der 1000 Meter langen Rollbahn platziert. Einen Hangar gab es nicht. Ursprünglich soll eine schmalspurige Feldbahn, beginnend am Bahnhof Brand und parallel zur Straße Brand – Krausnick verlaufend, vorhanden gewesen sein. Der Normalspurgleisanschluß erfolgte erst nach dem II. Weltkrieg. Im Jahr 1939 erfolgte noch der Bau von mehreren Munitionsbunkern[75] aus Stahlbeton mit je einer Lagerfläche von bis ca. 92 m².

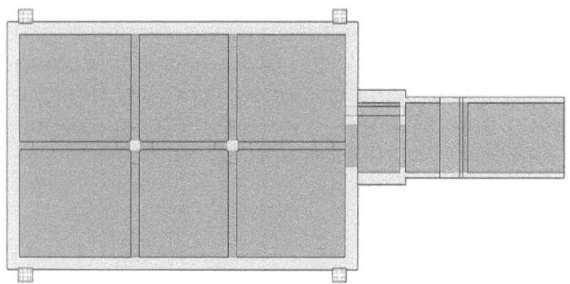

All diese Baumaßnahmen erfolgten in den Jahren 1938 bis 39. Nach Fertigstellung war der Landeplatz bis 1942 Ausbildungsflugplatz des Flieger-Ausbildungs-Regiments 82 in Pretsch. Von 1942 bis September 1944 gehörte der Platz zur Flugzeugführerschule FFS A/B3 Guben. Unten, das Wappen der Gubener Fliegerschule

Zuerst war Guben nur eine Fliegerübungsstelle die 1937 zur Flugzeugführerschule Ersatzwesen klassifiziert wurde. Mit Kriegsbeginn erfolgte im September 1939 dann die Umbenennung als Flugzeugführerschule FFS A/B3 Guben[76], und der Flugplatz Brand gehörte mit weiteren Flugplätzen der Region dazu. Bisher wurde davon ausgegangen, dass die im Jagen 60 errichteten Gebäude noch aus der Zeit der Deutschen Wehrmacht stammen. Das ist aber so nicht richtig, denn auf der nachfolgend abgebildeten Karte waren die deutschen Schulungs- und Kasernengebäude direkt als Bestandteil des

Flugplatzes eingezeichnet. Insgesamt waren es 16 Gebäude, dv. im nördlichen Teil 5 Kasernen- und ein Stabsgebäude. Die restlichen eingezeichneten Gebäude sind aufgrund ihrer Größe als Schulungs- und Wartungsgebäude zu betrachten. Einen Hangar gab es auch nicht. Vergleichbare Anlagen sind vom Flugplatz Drewitz dokumentiert. Warum sollten auf solch kleinen strategisch unbedeutenden Flugplatz derartig große Kasernen- und Schulungsgebäude errichtet werden? Dafür reichen auch flache barackenähnliche Gebäude. Auf dieser alten deutschen Karte, die von der US-Armee 1952 nachträglich ihren strategischen Erfordernissen angepasst wurde, ist das gesamte Flugplatzgelände erkennbar. Dort wo die rote 65 zu erkennen ist, erfolgte also erst der Kasernenbau zu Zeiten der Sowjetarmee und nicht schon zu Wehrmachtszeiten.

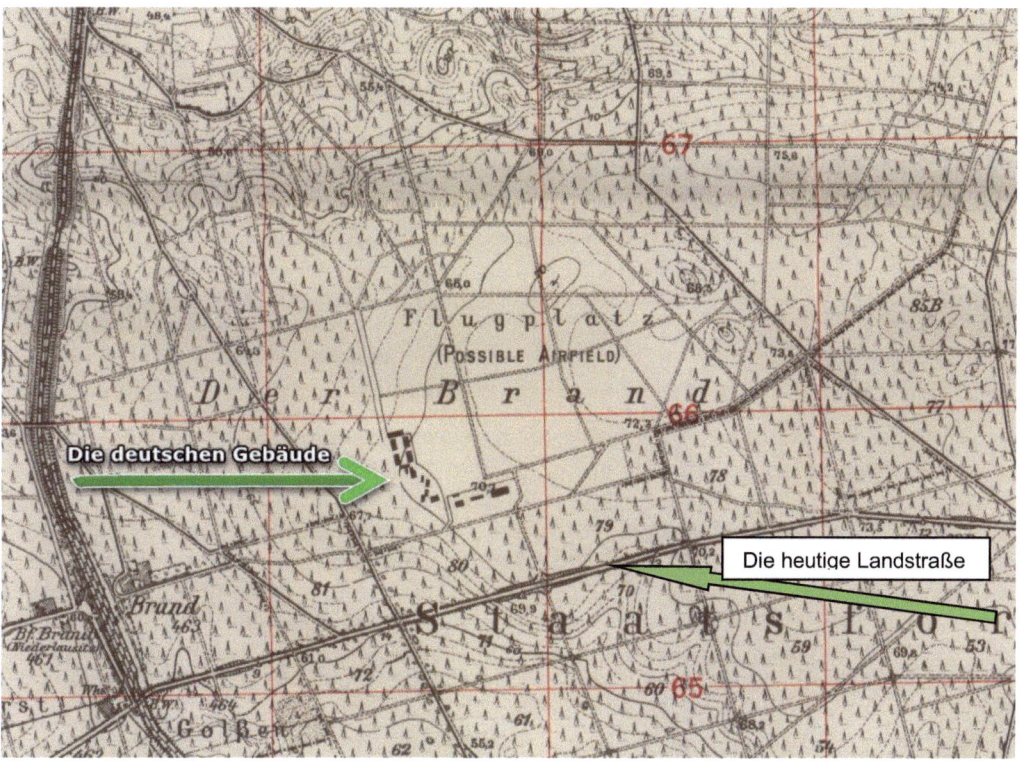

Die Ausbildung zum Flugzeugführer dauerte bis zu 12 Monate. Anfangs haben 30, während des Krieges 50 Flugzeugführer pro Monat die A/B3 Guben verlassen. Diese Ausbildungsergebnisse konnten allerdings nur im Verbund mehrerer Ausbildungsstandorte erzielt werden. Neben Guben und Brand standen hierzu noch die Fliegerhorste in Drewitz und Neuhausen zur Verfügung. Auch das FAR 82 in Cottbus und die FFS A/B 82 in Pretsch gehörten weiterhin zu diesem Ausbildungsverbund. Jährlich konnten so rund 600 Flugzeugführer für die Luftwaffe ausgebildet werden. Fronterfahrene Piloten unterrichteten an deutschen Schul- und Übungsflugzeugen, wie von Arado der Ar-96, von Heinkel der He-45, von Bücker der Bb-131, von Junkers der W-33 oder von Focke-Wulf der FW-44. Einige der eingesetzten Schulungsflugzeuge wurden nicht weit weg vom Brand herstellt. So die Ar-96 in den Arado Flugzeugwerken GmbH Potsdam/Babelsberg oder die Bb-131 beim Bücker Flugzeugbau in Rangsdorf.

Ar 96, war auch auf dem Brand stationiert.

Daneben kamen weiter 15 Flugzeugtypen zum Ausbildungseinsatz, allerdings nie alle geschlossen auf einem Platz. Mit ihnen erfolgte meist die Umschulung von Frontfliegern auf Nacht-, Blind- und Höhenflug. Wie die gesamte Flugzeugführerschule Guben unterstand auch der Ausbildungsplatz Brand dem Befehlsbereich des Generals der Flieger für Ausbildung. Im Zuge kriegsbedingter Umstrukturierungen erfolgte im September 1943 ein Kommando- und Ausbildungszusammenschluss mit der Flugzeugführerschule A/B 13 in Brünn zur neuen FFS A 3. Jetzt wurde auch die C-Befähigung, also die Blindflug- und Bomberbefähigung in diesen neuen FFS-Einheiten ausgebildet. Wie erfolgte die Pilotenausbildung der deutschen Luftwaffe auf dem Brand?

- Sechsmonatige Grundausbildung in einer Fliegerersatzabteilung oder einer Rekruteneinheit.
- Daran schloss sich eine zweimonatige Ausbildung in einer Fluganwärterkompanie an.
- Erst jetzt erfolgte die Ausbildung für eine A2-Lizenz in den Bereichen Aerodynamik, Luftfahrttechnik, elementare Navigation, Meteorologie, Flugprozeduren und Morsen.
- Für die Erlangung einer B-Lizenz erfolgte die Ausbildung an Flugzeugen wie den Arado 66 und 76, der Gotha 145, der Junkers W33 und W44 sowie der Focke-Wulf Fw58.
- Nach 100 bis 150 Flugstunden gab es den Luftwaffen-Flugzeugführerschein.

In diesem Ausbildungswerdegang war auch der Fliegerhorst Brand eingebunden. Die Verluste an Piloten stiegen mit Dauer des Krieges auf ein bedrohliches Maß an. Mit der Straffung der Ausbildung sollten dem entgegengewirkt und immer schneller Flugzeugführer für den Fronteinsatz bereitgestellt werden. Straffung bedeutete in diesem Fall die Grundausbildung und die Kurse in den Fluganwärterkompanien auf ein Mindestmaß zu kürzen. Die dafür vorgesehenen 8 Monate wurden auf maximal 2 bis 3 Monate gekürzt. Damit nahm die deutsche Luftwaffenführung in Kauf, dass immer mehr ungenügend ausgebildete Flugzeugführer zum Einsatz kamen. Entsprechend hoch waren daher auch die Verluste. Bis September 1944 ist ausgebildet worden. Ab da ging der Fliegerhorst in den direkten Befehlsbestand der Luftwaffe über und war ein Einsatzflugplatz der 2. Fliegerschuldivision. Eine Ursache war, dass die alliierten Bomber die deutsche Kraftstoffindustrie zerschlugen. Das erforderliche Flugzeugbenzin konnte deshalb nicht mehr bedarfsdeckend zur Verfügung gestellt werden. Die letzten Flugschüler und Ausbilder wurden daher direkt an die Front geschickt. Zum Ende des Krieges waren neben neu zugeführten bzw. umverlegten Jagdflugzeugen und den vorhandenen Ausbildungsflugzeugen auch mehrere Transportflugzeuge des Typs Junkers W 34 zwischenzeitlich stationiert.

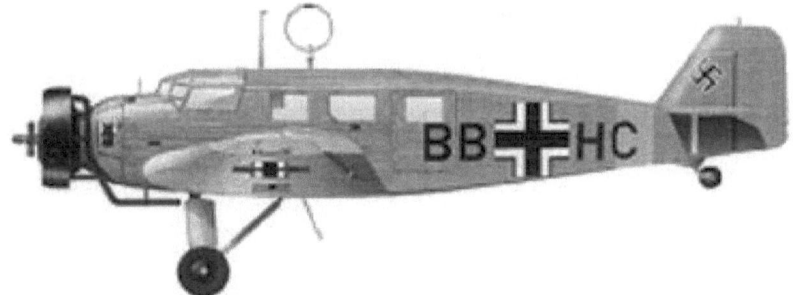

W 34, ein in die Jahre gekommener Navigations- und Blindflugtrainer

Eine solche W-34 kam mit der Grasrollbahn auf dem Brand bestens zurecht. Sie waren zur Versorgung der schlesischen „Stadtfestung" Breslau mit Munition und Lebensmitteln eingesetzt. Auf dem Rückflug flogen sie verwundete Soldaten aus. Neben Brand starteten auch vom Flugplatz Bronkow Versorgungsflüge.

Trotzt seiner Nähe zu den Kämpfen um und im Kessel von Halbe blieb die militärische Infrastruktur des Flugplatzes zu Kriegsende fast vollständig erhalten. Selbst der bereits geschilderte vergebliche Versuch eines Durchbruchs der Gruppe Pipkorn erreichte das Gelände des Fliegerhorsts nicht. Der Restbesatzung gelang es nur noch die Munitionsbunker zu sprengen bevor auch sie sich in Richtung der deutschen Truppen zum Halber Kessel durchschlugen. Innerhalb von sieben Tagen (19. Bis 25.04.1945) hatten die Verbände der 1. Ukrainischen Front die deutschen Truppen eingeschlossen. Auf der anschließenden Karte[77] ist die damalige militärische Lage deutlich zu erkennen.

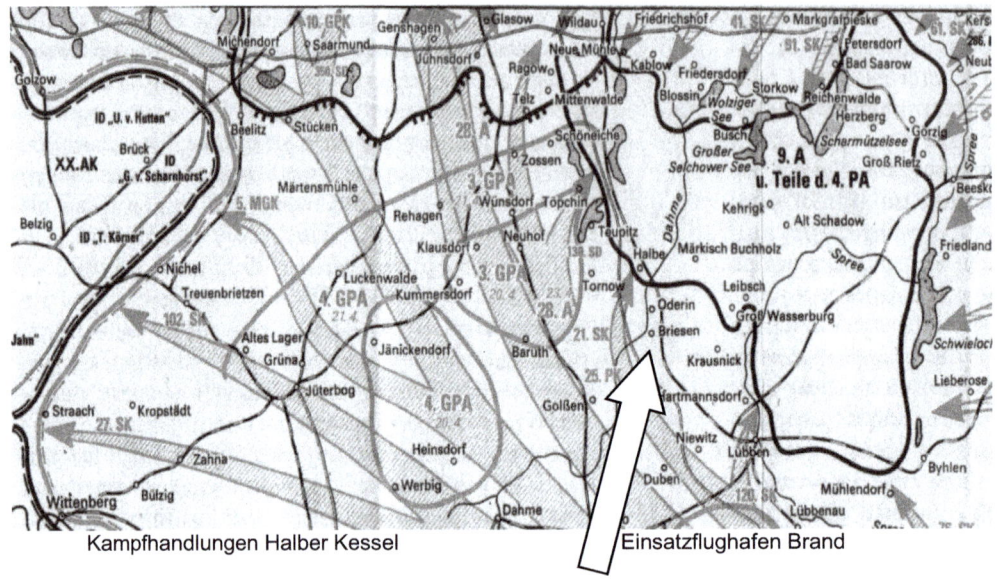

Kampfhandlungen Halber Kessel   Einsatzflughafen Brand

3.2. Der sowjetisch russische Flugplatz

Noch vor der bedingungslosen deutschen Kapitulation konnte der Einsatzflughafen also von der Roten Armee in einem nur wenig beschädigten Zustand übernommen werden. Jetzt begann ein weiterer, über Jahrzehnte andauernder Abschnitt. Als erste Einheit war das 71. GwSchAP mit seinem kriegserprobten Schlachtflugzeug Iljuschin IL 2 auf dem Flugplatz stationiert. Am 26. Februar 1946 erfolgte die Umbenennung der „Roten Armee" in die „Советская Армия" (Sowjetische Armee) mit der Abkürzung CA.

Schlachtflugzeuge IL 2 über dem zerstörten Berlin

Der Krieg war beendet, die sowjetischen Soldaten begannen sich für friedliche Zeiten einzurichten. Jedoch nicht lange. Die Gegensätze der einstigen Alleierten mündeten in den „Kalten Krieg". Die einseitige Währungsreform in den Besatzungszonen West sowie die sowjetische Blockade von Berlin-West sind dafür kennzeichnend. Während der Blockade wurden dann auch vom Brand aus Einsätze geflogen. Allerdings kann keine Truppenstationierung nachgewiesen werden. Langsam veränderten sich die strategischen Anforderungen an die Kriegsflugzeuge. Die Zeit der Schlacht- und Sturzkampfbomber war spätestens 1956 abgelaufen. Jetzt waren moderne Front-bombenflugzeuge gefragt. Es kam zur Stationierung der ersten Jagdbomber auf dem Flugplatz. Er war dann von 1951 bis zu seiner Auflassung im Jahr 1992 durchgängig mit Bomberregimentern belegt. Ab 1951 erfolgte der Bau einer neuen 2500 m langen Start- und Landebahn aus Beton und der ersten Gebäude. Die alte deutsche Gras-Start- und Landebahn hatte somit ausgedient. Jetzt erfolgte auch der Bau des nor-malspurigen Eisenbahngleisanschlusses mit einer Länge von 1,6 km, direkt vom Bahnhof Brand abzweigend. Dieser Gleisanschluss führte auf das Flugplatzgelände und existierte bis in die Bauphase von CargoLifter, bevor er zu einem Fahrradweg in Richtung Unterspreewald umgebaut wurde.

Den Zuschlag für diese Baumaßnahme erhielten die Firmen Bauunion Ost und Fi-scher aus Herzberg. Der Ausbau des Flugplatzes erweckte sofort das Interesse der westlichen Geheimdienste. Es kam daher u. a. am 9. und 15. Februar 1951 zu Be-obachtungen vor Ort[78]. Die CIA vermerkte, Zitat: „Die Bauarbeiten am Flugplatz Brie-sen wurden zuvor von … gemeldet. Die Arbeiten begannen im Januar 1951." Der Kontakt zu dem Informanten scheint länger bestanden zu haben, denn er meldete weiter[79], dass „1.200 Arbeiter auf dem Platz arbeiteten", davon 460 pro Schicht und „… dass der ehemalige Bauleiter […] nicht mehr auf dem Platz war und dass er an-geblich in den Westen geflohen sei". Wie wichtig dieser Flugplatzausbau gewesen sein muss beweist, Zitat[80]: „Am 29. Mai 1951 fand in Brand eine Konferenz über die Bauarbeiten auf dem Flugplatz Briesen statt, an der Vertreter des SCC in Berlin-Karlshorst, der Landesregierung Brandenburg, der Reichsbahndirektion Cottbus und des Bauunternehmens Bauunion teilnahmen. In dieser Konferenz wurde der Termin für die Fertigstellung der Arbeiten um sechs Wochen vorverlegt und auf den 10. August 1951 festgelegt." Wenn hier vom Flugplatz Briesen gesprochen wurde, dann ist der auf dem Brand gemeint. Es treten in den Unterlagen immer wieder verschiedene Bezeichnungen auf, so Briesen-Brand, Briesen aber letztendlich dann nur noch Brand. Im Zusammenhang mit dem flugtechnischen Ausbau erfolgte ab diesem Jahr auch der Bau von mehreren Gebäuden in Massivbauweise gegenüber der Landstraße im Jagen 60. Also dort, wo sich auch die Wohnsiedlung befindet.

Wie gefechtsbereit die Besatzung vom Flugplatz auf dem Brand schon damals war, beweist eine Gefechtsübung vom 03. Oktober 1954. In einem geringen Startabstand starteten 27 IL-28 zu einem Staffelflug, der dann von 25 MiG-15 begleitet wurde. Das war bestimmt ein beeindruckendes Flugbild. Auch weiterhin stand der Flugplatz im Focus der West-Streitkräfte. In den fünfziger Jahren waren Luftbildaufnahmen aus den alliierten Luftkorridoren heraus gang und gäbe. Hier zeigt eine solches Foto[81] vom 22.05.1953 den vorher ausgebauten Flugplatz Brand mit 35 IL-28.

Das folgende US-Satellitenbild vom 10.03.1970 gibt den Blick auf den gesamten Flugplatz frei, hier allerdings noch ohne die ein paar Jahre später gebaute zweite Start- und Landebahn.

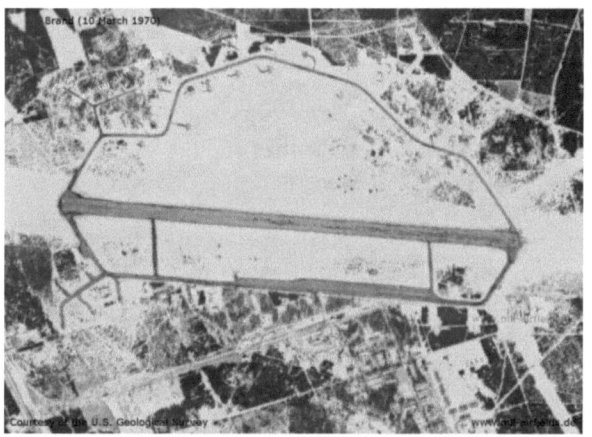

Diese Aufnahme macht auch den neuesten Stand der Luftüberwachung deutlich. Jetzt konnten, ohne den Luftraum der betreffenden Staaten, hier den von der DDR, zu verletzen, punktgenaue Aufnahmen aus dem Orbit geschossen werden.

Im Jahr 1958 begann eine weitere Phase des Flugplatzausbaus. Eine Dezentralisierungszone mit einer 2000 m langen Reserve-Rollbahn entstand. An deren Ende lag das später errichtete Sonderwaffenlager mit dem Bunker „BASALT" und auf den links und rechts am Ende abbiegenden Betonpisten befanden sich etliche Parktaschen für die MIG-Jagdflugzeuge. Daneben baute das ABK Weimar (Autobahnbaukombinat) von April bis Oktober 1972 die zweite und damit letzte Rollbahn. Mittels einer auf einem Flachwagen der DR montierten Betonmischanlage[82], er stand auf dem Anschlussgleis, konnte der Beton dann mit den LKW auf kurzem Weg zum Fertiger auf die neuen Start- und Landebahnen gefahren werden. Das Betonwerk Brand lieferte in diesem Zusammenhang gleichfalls Fertigbeton. Die Mächtigkeit des Betons entsprach den sowjetischen Anforderungen und war somit für Transportflugzeuge sowie den damals neuesten Bombertyp Su-24 ausgelegt. Nach Fertigstellung der zweiten 2,5 km langen Start- und Landebahn entsprach der Flugplatz dem Standard des Warschauer Paktes. Der systematische Ausbau des Flugplatzes seitens der Sowjetarmee begann schon wenige Jahre nach Kriegsende und wurde ständig den neusten militärischen Erfordernissen angepasst. Auch Baufirmen der Region waren hier involviert. So errichtete die damalige Bauunion Lübben viele der benötigten barackenähnlichen Soldatenunterkünfte.

In den 80er Jahren entstand in üblicher DDR-Plattenbauweise die neue Wohnsiedlung für sowjetische Berufssoldaten und ihre Familien. Ein modernes Heizkraftwerk und zwei weitere Wohnblöcke entstanden unter Federführung des VEB (K) Bau Lübben bis Ende der 1980er Jahre.

Eine weitere Aktivität auf dem Flugplatz, allerdings unter strengster Geheimhaltung auf sowjetischer und DDR-Seite, war die Ausbildung von Angehörigen der Kasernierten Volkspolizei, dem Vorläufer der NVA, an Flugzeugen sowjetischer Bauart. Nach gegenwärtigem Kenntnisstand begann diese Ausbildung ab 1952. Wenn man so will, gedeckte Ausbildung unter dem Schutz der sowjetischen Armee für die zu erwartende Gründung der NVA und deren Luftstreitkräfte. Der Kalte Krieg zwischen Ost und West war auf dem Brand vollends angelangt.

Strategische Bedeutung erlangte die Flugbasis recht schnell in den fünfziger Jahren des 20. Jahrhunderts. So war der Flugplatz Brand einer der Ersten auf dem Territorium der ehemaligen DDR, der über eine 2,5 km lange Start- und Landebahn verfügte. Jetzt konnten auch große strahlgetriebene Flugzeuge starten und landen. Wichtig war er ohne Zweifel für die sogenannte 'Überwachung' des Luftraumes von Berlin-West und seiner alliierten Luftkorridore. Für ein kleines Zeitfenster gab es auch eine zivile Nutzung des Flugplatzes. So landeten Nikita Sergejewitsch Chruschtschow, Partei- und Regierungschef der ehemaligen Sowjetunion am 28. Juni 11963, zwei Tage nach dem Besuch Kenndys in Berlin-West, zu einem Staatsbesuch in der DDR auf dem Brand. Ein paar Monate später, am 17. Oktober 1963 waren es Juri Gagarin und Valentina Tereschkowa, die aus den USA kommend anlässlich ihres DDR-Besuchs hier landeten. Der erste Mensch und die erste Frau im All auf dem Brand, ein Stück Geschichte, von der allerdings die Menschen in den Dörfern nicht sofort etwas mitbekamen. Für sie begann der Staatsbesuch erst auf den sogenannten Protokollstrecken innerhalb von Berlin. Den ersten Teil der Besuchsstrecke legten die Staatsgäste jeweils in einem Sondertriebwagen ab Flugplatz Brand nach Berlin, der damaligen Hauptstadt der DDR, zurück. Mit dem später erfolgten Ausbau des Flugplatzes Schönefeld zum Regierungs- und Verkehrsflughafen, vormals ein Werksflughafen für ein enteignetes deutsches Unternehmen, entfiel die zusätzliche „zivile" Nutzung des sowjetischen Flugplatzes.

Militärische Objekte stellen immer Eingriffe in das Leben der Bevölkerung dar. Der Flugplatz auf dem Brand war davon mit Sicherheit nicht ausgeschlossen. Im Gegenteil, auch außerhalb des militärischen Geländes war die sowjetische Armee präsent und für die deutsche Bevölkerung spürbar. Einmal war die Lärmbelästigung durch den Flugbetrieb sehr groß. Gestartet wurde in Richtung Briesen und Oderin. Die Haupteinflugschneise verlief aus der Gegenrichtung von Schlepzig über den Unterspreewald und Krausnick. An vielen Tagen tanzte dann schon mal das Geschirr in den Schränken, und von Nachtruhe war keine Rede mehr. In Krausnick regte sich manch Widerstand ob des Fluglärmes. Anfangs nur hinter vorgehaltener Hand, später aber auch öffentlich. So musste in Krausnick Anfang der 80er Jahre eine Einwohnerversammlung[83] einberufen werden. An der nahm der sowjetische Flugplatzkommandant, der 1.Sekretär der SED-Kreisleitung Lübben sowie der Stellv. des Vors. des

Rates des Kreises Lübben für Inneres teil. Das verdeutlichte schon die Brisanz der Angelegenheit. Die Einwohner und Gäste trafen sich dazu in der "Erbschenke" von Krausnick. Der Saal war jedenfalls von den vielen interessierten Bürgern bis auf den letzten Platz gefüllt. Außer geringfügigen Zusagen und verbalen Bekenntnissen wurde nicht viel erreicht! Nur der damalige Krausnicker Pfarrer, Herr Heide, erinnerte in regelmäßigen Abständen die staatlichen Organe des Kreises an die Durchsetzung dieser wenigen Zusagen. So sind die Anflughöhen bei zu starkem Flugbetrieb um ein paar Meter vergrößert oder der Ort wurde seitlich umflogen. Der Landeanflug erfolgte dann über einem kleinen Bogen in Richtung Groß Wasserburg. Landescheinwerfer, vorher wurden sie fast ab Mitte Krausnick eingeschalten, leuchteten dann erst hinter der Ortsgrenze über dem Wald auf. Kleine Erfolge, von denen nichts veröffentlicht wurde. Trotzdem können die Einwohner von Krausnick stolz darauf sein, dass sie so ihrem zivilen Ungehorsam Ausdruck verliehen haben.

Auch durch eine Vielzahl an Manövern in den Krausnicker Bergen oder Kolonnenfahrten durch die Dörfer war die Sowjetarmee immer präsent. Nicht vergessen werden sollte in diesem Zusammenhang, dass dann manch unvorhergesehener Einsatz von den Kameraden der Freiwilligen Feuerwehren erfolgen musste. Es galt immer wieder kleinere Waldbrände, meist im Anschluss an derartige Übungen zu bekämpfen. So organisierten die Bürgermeister und Leitungen der Feuerwehren in die dann verlassenen Übungsräumen Kontrollgänge. 1983 verursachte ein Großbrand in den südlich gelegenen Kiefernwäldern vom Brand, vor allem im sogenannten Luckauer Stadtforst, massive Schäden. Durch unsachgemäße offene Lagerung von Asche ist auf dem Flugplatzgelände ein Feuer ausgebrochen. Es konnte mit der sowjetischen flugplatzeigenen Brandbekämpfungstechnik nicht unter Kontrolle gebracht werden. Erst nach dem Übergreifen der Flammen in die angrenzenden Kiefernbestände durften Löscheinheiten der Freiwilligen Feuerwehren mit ihren DDR-Löschfahrzeugen eingreifen. Doch da bewegte sich bereits eine riesige Feuerwalze über die Försterei hinweg auf die ersten Häuser von Schönwalde und den Bahnhof zu. Die Bewohner der Försterei konnten sich nur durch einen Sprung in den kleinen Teich vor den Flammen retten. Kurz vor der anstehenden Evakuierung konnte nach tagelangem aufopferungsvollen Einsatz der Brandschutzeinheiten das Feuer zum Stehen gebracht werden. Alle Einsatzkräfte der FFw waren von den Betrieben und Genossenschaften bei Lohnfortzahlung freizustellen. Eine große Herausforderung bestand darin, die kontinuierliche Löschwasserzuführung zu gewährleisten. Dank des heute als Badesee genutzten Sees an der Straße nach Krausnick konnten die Tanklöschfahrzeuge und die Löschblasen der Hubschrauber zügig befüllt werden. Wer heute über die Landstraße von Schönwalde nach Krausnick fährt sieht linksseitig deutlich den neu aufgeforsteten Kiefernbestand. Weit weg von Schönwalde war diese von Menschenhand verursachte Katastrophe nicht.

Es ergaben sich aber auch freundschaftliche Kontakte und Begegnungen zu und mit den sowjetischen Offizieren. Beim Angeln am Oderiner See oder den Heideseen kam man sich persönlich näher, tauschte Erfahrungen zum gemeinsamen Hobby aus und genoss den über dem Feuer gegarten frisch gefangenen Fisch bei Brot und Wodka.

Ein besonderer Aspekt sowjetisch-deutscher Freundschaft war der "illegale Waren- und Benzinverkauf" in den Branddörfern. Viele hochwertige DDR-Erzeugnisse lagen im sowjetischen Magazin auf Halde, weil sie wegen einer regelrechten Bedarfs- sättigung durch die sowjetischen Armeeangehörigen nicht mehr gekauft wurden. Also unternahmen Offiziere immer wieder Verkaufsfahrten. Dadurch fanden dann Bohrma- schinen, Teppiche, Kaffeemaschinen, Geschirr und, und, und ihre deutschen Abneh- mer. Diese Artikel waren sehr begehrt und sonst nur als "Bückdichware" zu ergattern. Benzin wurde mitunter gleich fassweise auf die Bauernhöfe gefahren und zu mode- ratem Preis verkauft. Das erwähnte Magazin war kein Lager wie man vermuten könnte, so wurde auf Russisch der Verkaufsladen bezeichnet. Selbst mancher Gastwirt stock- te sein zugeteiltes Alkoholdeputat über den Direkteinkauf in diesem Magazin auf. Russischer Wodka oder Wilthener Weinbrand fanden dadurch auch ihren Weg in deutsche Kehlen. Goldschmuck, wenn im Design mitunter recht protzig und wuchtig, aber Gold war Gold, wechselte auf diesem unkomplizierten Handelsweg gleichfalls oft seinen Besitzer. Alle wussten von diesem illegalen Handel, auch die staatlichen Or- gane der DDR. Er wurde stillschweigend geduldet, denn er brach manche Spitze von Versorgungsengpässen. Wir sehen, der Brand, hatte sein Image als Handelsplatz nicht völlig verloren.
Doch zurück zum eigentlichen Flugplatzbetrieb.

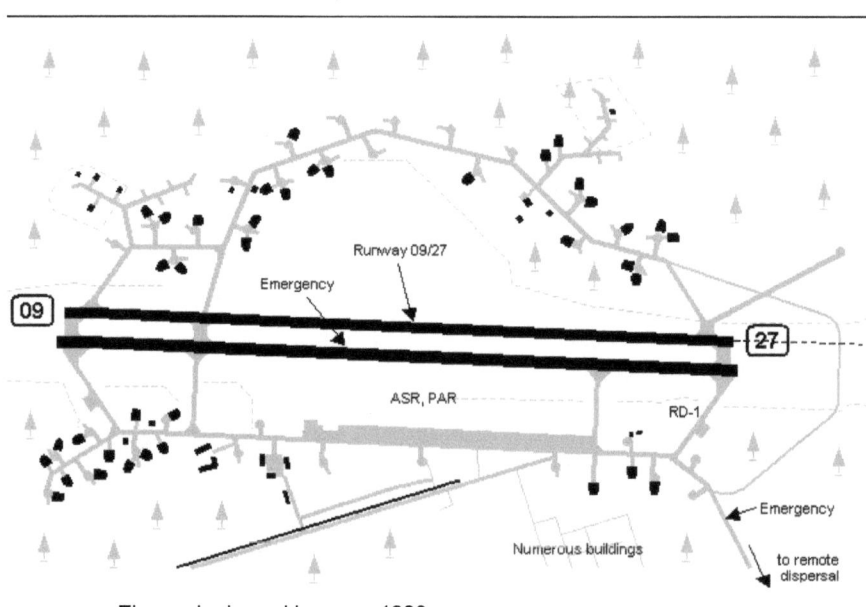

Eine grobe Lageskizze von 1990

Auf der vorherigen Skizze[84] ist die Lage der Flugzeugbodendeckungen sowie die Start- und Landebahnen deutlich auszumachen. Wenigen DDR-Bürgern war bekannt und bewusst, welches Pulverfass der Flughafen Brand für die ihn umgebende Landschaft und seine Bevölkerung darstellte. Als eines von vielen strategischen Zielen auf dem Gebiet der DDR war er sicher in den Stabsdokumenten der NATO vorhanden. Das verdeutlicht die anschließende Karte[85]. Obwohl der Kalte Krieg als beendet schien, waren die Bedrohungsbilder noch nicht völlig aus den Köpfen verschwunden. In einem Vortrag machte das DIPL.-ING. SCHEIBE deutlich. An dieser Stelle sei die Frage erlaubt: „Welche Bedrohungsszenarien schrecken uns heute auf?" Eine Antwort muss jeder für sich finden. Vielleicht hilft dabei auch ein Blick in die Geschichte.

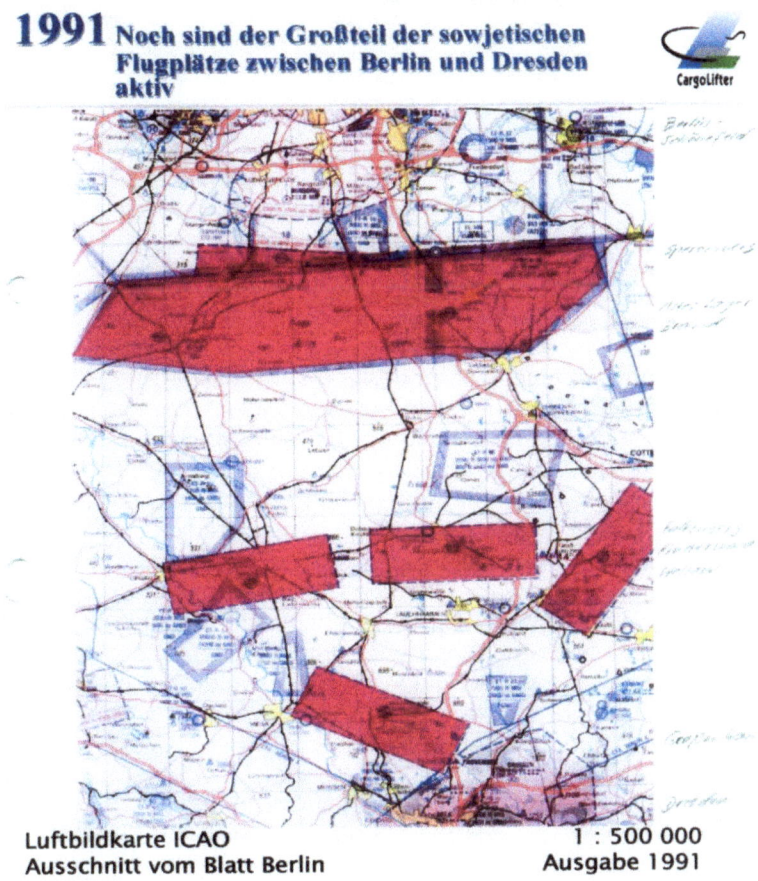

1991 Noch sind der Großteil der sowjetischen Flugplätze zwischen Berlin und Dresden aktiv

Luftbildkarte ICAO
Ausschnitt vom Blatt Berlin

1 : 500 000
Ausgabe 1991

Im Laufe der Zeit wurde sukzessiv das in Anspruch genommene Gelände von zuerst ca. 600 auf 800 ha vergrößert. Darunter befanden sich auch 200 ha des unter Naturschutz stehenden alten Landschaftsschutzgebietes. Die rein militärische Nutzung nahm davon 620 ha in Anspruch.

Ein sowjetischer Lageplan in Höhe des Sonderwaffenlagers

Selbstredend war auf dem Flugplatz modernste sowjetische Kriegstechnik stationiert. So in der Folge ab 1958 die MiG-19 und später MiG-21 gemeinsam mit dem Jagd-bomber Su-7, dem ersten Schwenkflügeljäger MiG-23, dem Schwenkflügelbomber Su-24 und bis zuletzt der Abfang- und Jagdbomber MiG-27K. Noch weniger bekannt sein dürfte, dass hier zeitweilig fünf strategische Bomber des Typs Tu-95 für beson-dere Einsätze bereitgestellt waren. Sie sollten wahrscheinlich, ähnlich den amerikani-schen B 52 Bombern, Atombomben in ihre Zielgebiete tragen. Übrigens die Tu-95 sind auch noch in der Gegenwart, allerdings in modernisierter Form bei den russi-schen Luftstreitkräften im Einsatz. Die auf dem Brand stationierten Fliegereinheiten waren Bestandteil der 105. Jagdbombenfliederdivision. Zu der gehörten noch die Flugplätze Großenhain und Finsterwalde. Neben weiteren Divisionen war sie Be-standteil der 16. Luftarmee, als dem größten operativen Verband der sowjetischen Luftstreitkräfte (GSSD) auf dem Gebiet der DDR an.

Die Su 7 war auch auf dem Brand stationiert

Neben den reinen Kampffliegereinheiten waren auf dem Flugplatz mehrere Truppenteile zur rückwärtigen Sicherstellung stationiert. Ohne diese Fliegertechnischen-, Nachrichten- und Flugsicherungsbataillone wäre ein reibungsloser Flugbetrieb nicht möglich gewesen. Auch auf jedem anderen Militärflugplatz ist das so.

Unter der Bevölkerung rund um den Flugplatz Brand herrschte teilweise die Meinung vor: „Die Bomber starten aus dem Untergrund." In Wirklichkeit waren es Bodenabdeckungen mit dicken Stahltoren, die einen sehr komfortablen Splitterschutz und Schutz vor direkten Luftangriffen boten. Gestartet wurde natürlich auf einer der beiden Start- und Landebahnen. Mit dem Bau der Bodenabdeckungen wurde im Ergebnis des Israelisch-Arabischen Krieges von 1968 begonnen. Schon 1969/70 waren die ersten 10 Bodenabdeckungen des Typs AU-16/2 errichtet. In den Jahren 1975 bis 78 folgten die moderneren Flugzeugdeckungen vom Typ AU-13.

Hier der Typ AU-13   Dort standen die Kampfjets.

Viele der für ihren Bau erforderlichen Stahlbetonelemente wurden anfangs in der Sowjetunion, in Kaliningrad[86], dem einstigen Königsberg, hergestellt und ab 1968 auf den Flugbasen in der DDR verbaut. Auf dem Flugplatz befanden sich 39 Bodenabdeckungen aus derartig vorgefertigten Elementen.

Ein modernerer zweietagiger Gefechtsstand für das 116. Garde-Jagdbombenfliegerregiment entstand 1974. Dazu ist eine Bodenabdeckung vom Typ AU-13 auf einer Grundfläche von 25 x 14 m ausgebaut worden. Das Bild zeigt einen der beiden Zugänge. Sein bereits 1964 entstandener einetagiger Vorläuferbau wurde ab da nur noch als Wechselgefechtsstand genutzt.

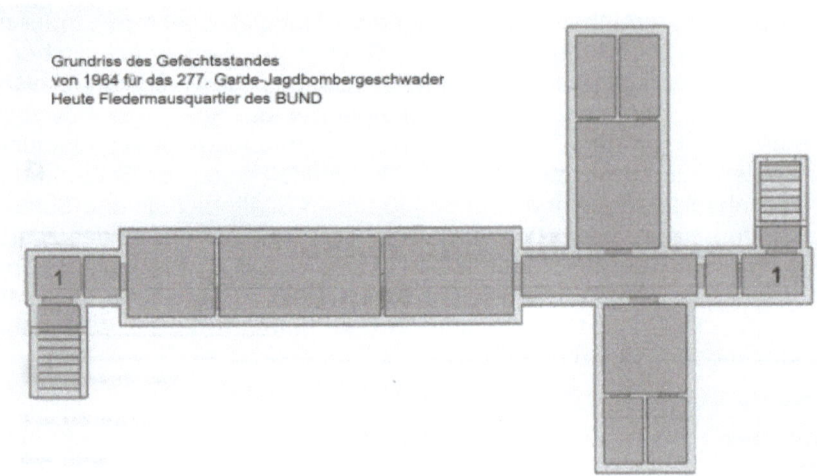

Grundriss des Gefechtsstandes
von 1964 für das 277. Garde-Jagdbombergeschwader
Heute Fledermausquartier des BUND

Positiv die heutige Nutzung: 2007 erfolgte sein Verkauf an den NABU-Landesverband Brandenburg und wird seitdem friedlich als Quartier von Fledermäusen genutzt. Eines der letzten Baumaßnahmen war die Errichtung einer gedeckten Wartungshalle[87] von 448 m² Grundfläche in einer großen Bodenabdeckung.

Neben diesen passiven Schutzvorkehrungen gab es selbstverständlich auch aktive.

Die 1967/68 erbaute Fla-Rakentenstellung bei Rietzneuendorf ist ein solch aktiver Schutz gewesen. Auch sie erhielt modernste Flugabwehrtechnik vom Typ S-125 „NEWA". Die nebenstehende Abbildung zeigt eine solche Startrampe mit ihrem Feuerleitradar. Zum damaligen Zeitpunkt erreichten die Raketen eine Höhe von mindestens 18.000 m. Vier dieser Startrampen waren installiert.

Unter dem Zeichen des sich verschärfenden Kalten Krieges begann man um 1962 mit dem Bau einer zweistöckigen Bunkeranlage[88] vom bereits erwähnten Typ BASALT. Es war ein Großbunker mit einem Lagerraum von 40 x 9 m und einer Nutzgröße von 70 x 10 m. Die Tore dieses Bunkertyps wiegen 25 Tonnen und konnten größeren Druckwellen standhalten. Der Bunker war mit einer 1,5 Meter hohen Erdabdeckung versehen. Er wurde auch als ein „gehärtetes Objekt" bezeichnet. Gehärtet weil gegen Waffeneinwirkung besonders geschützt und seine Bewachung dazu noch durch eine Sondereinheit erfolgte. Die stationierte diensthabende Truppe bezeichnete sich selbst als die „Taubstummen". Auf der folgenden Abbildung ist der zweistöckige Aufriss des BASALT-Bunkers zu sehen.

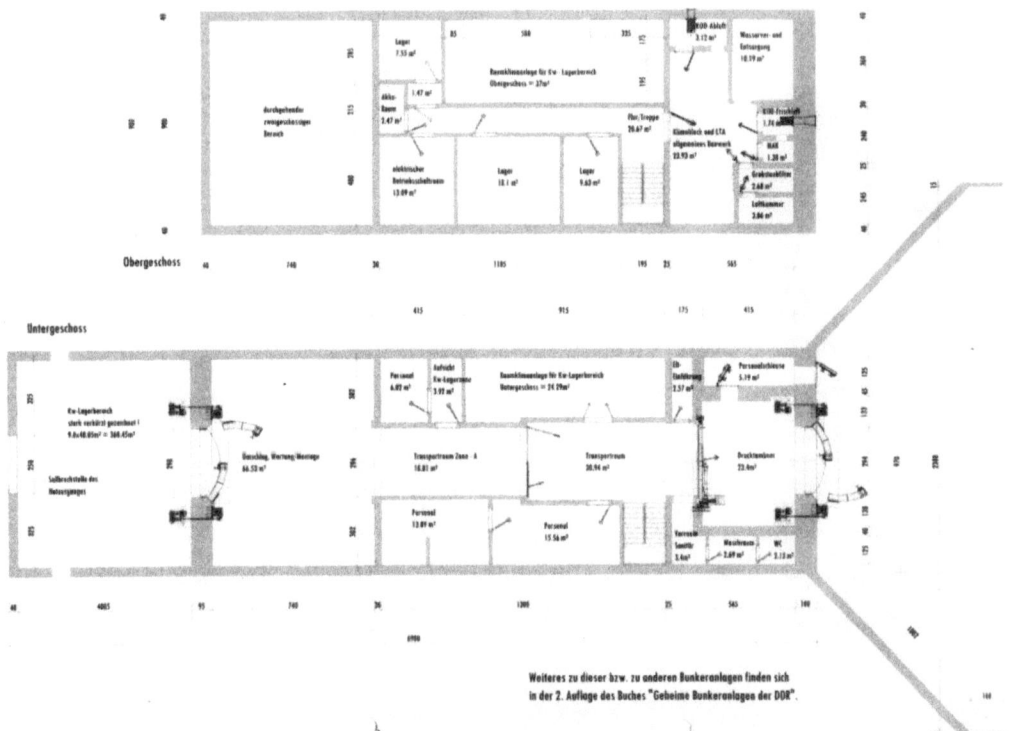

In dieser Bunkeranlage war es möglich, ca. 40 nukleare Freifallbomben des „Typs 244N bzw. 8U46/8U47 mit je fünf kt Sprengkraft"[89] geschützt zu lagern. Das 116. Frontbomberregiment Brand war mit seinen Su-7 in der Lage derartige Atomwaffen in den entsprechenden Zielgebieten abzuwerfen. Übungsflüge dafür erfolgten jedenfalls regelmäßig, aber ohne atomare Bewaffnung. Für die Einheiten auf dem Brand gab es zehn sogenannte Standartflugstrecken im Rahmen ihrer Gefechtsausbildung, so u. a. zu den Schießplätzen Belgern und Wittstock. Damit war gewährleistet, dass sich die Luftstreitkräfte der GSSD und die der DDR-Armee nicht in die Quere kamen und der Luftraum der DDR immer optimal gesichert war. Natürlich konnte das nicht immer gedeckt und geheim ablaufen. So gelang es den Funksprechverkehr der Stabsübungen der „132. Bombenfliegerdivision aus Werneuchen"[90] in den Jahren 1964 und 1966 fast im Klartext abzuhören. An diesen Übungen war auch das auf dem Brand stationierte 277. BAP (Garde-Jagdbomberregiment) beteiligt. Die abgehörten Befehle und Meldungen machten Angriffsziele in der „nördlichen BRD, in den Niederlanden und Belgien"[91] aus.

Nach SCHEIBE wurde der sogenannte Technikstützpunkt mit seinem Großbunker als Sonderobjekt 8 bzw. 1092 geführt. Weitere derartige "Sonderwaffenlager" der sowjetischen Streitkräfte gab es u. a. noch in Finsterwalde und Lärz.

Bunker vom Typ "Basalt", Außentor

Das innere Druckschutztor, dahinter befanden sich die Lagerräume.

Der Transport der hier eingelagerten Waffen zu den Kampfjets erfolgte auf besonders ausgestatteten LKW und unter strengster Bewachung. Der Portalkran war für die schwergewichtigen Bomben notwendig.

Abb. 44 – Portalkran vor dem Bunker

Über den Einsatz dieser Sonderwaffen entschieden die obersten Kommandostellen in Moskau. Die Bezeichnung Reparaturtechnische Basis (RTB) war im sowjetischen Sprachgebrauch eine Art Tarnbezeichnung für derartige Objekte. Dieses Lager war der 12. Hauptabteilung des Verteidigungsministeriums der UdSSR in Moskau unterstellt.

Direkt neben dem Sonderwaffenlager befand sich ein großer Obstgarten und eine Schweinemastanlage. Beides half mit, die Versorgung des Militärs und der Zivilisten des Flugplatzes zu unterstützen. Hier ein Blick über den Gartenzaun.

Auf dem Flugplatz waren in Abfolge mehrere Einheiten der sowjetischen Luftstreitkräfte stationiert. Nach dem 277. Garde-Jagdbomberregiment war bis Juli/August 1989 das 116. Garde-Bombenfliegerregiment[92] mit ihren Su-24M auf dem Brand im Einsatz, gefolgt vom 911. Jagdbomberfliegergeschwader und seinen MiG-27K. Bis Anfang der 1990 Jahre eines der modernsten Kampfflugzeuge der Welt. Sie wurde nicht nur in den Armeen des Ostblocks geflogen. Die folgenden zwei Aufnahmen stammen nicht vom Flugplatz Brand, zeugen aber von der Bewaffnung und dem ungeheuren Zerstörungspotenzial einer solchen MiG.

Eine MiG 27 im Landeanflug.

Das Waffenarsenal für ein MiG-27

Dieses Regiment war bis zum 6. Juli 1992 auf der Flugbasis. Es gehörte zu den ersten Einheiten, welche im Zuge der Rückführung nach Russland Deutschland verließen. Diese Rückverlegung begann bereits am 22. Juni 1992 mit dem Abflug die ersten Kampfjets in Richtung GUS-Flugplatz Finsterwalde und von dort aus nach Lida im heutigen Weißrussland. Durch die verbliebenen GUS-Streitkräfte erfolgte anschließend der Rückbau aller militärischen Anlagen und Einrichtungen, einschließlich deren Transporte nach Russland. Nach Abschluss dieser Maßnahmen erfolgte am 4. Oktober 1992 die Übergabe der Liegenschaft durch Boris Trachtenberg, Flugplatzkommandant und Kommandeur des zuletzt hier stationierten 911. APIB[93], an die Bundesrepublik Deutschland. Eine fast 55jährige militärische Nutzung auf dem Brand war friedlich beendet. Zu Hochzeiten des Kalten Krieges sind auf dem Flugplatz immerhin über 5.000 sowjetische Berufssoldaten mit ihren Familien und den wehrpflichtigen Soldaten stationiert gewesen. Eine Kleinstadt mit kompletter Infrastruktur war über die Jahre entstanden. 30 Jahre nach der Flugplatzauflassung sind immer noch nicht alle militärischen Hinterlassenschaften beseitigt.

Abschließend eine Übersicht[94] zu den auf dem Brand stationierten sowjetisch/russischen Einheiten von 1945 bis 1992, soweit bekannt:

April bis Mai 1945	71.GwSchAP (Gardeschlachtfliegerregiment	IL-2
Juni 1945 bis 1950	unterschiedliche Stationierungen, ohne einen konkreten Nachweis	
1951 – 1953	24. BAP (Bombenfliegerregiment)	Pe-2, IL-28
Jan. – Juli 1953	675. Garde-Bombenfliegerregiment	Pe-2, IL-28
1953 – 1954	296. IAP (Jagdfliegerregiment)	MIG-15
1954 – 1956	Stab des 80. BAK (Bombenfliegerkorps)	
1954 – 1967	277. BAP (Garde-Jagdbombergeschwader)	Tu-2, IL-28
1968	Eine Staffel des 277. BAP während der Intervention in der CSSR wieder stationiert	
1967 – 1968	668. BAP Bombenfliegerregiment	Jak-28RR
1968 – 1989	116. IBAP (Jagdbombenfliegerregiment) Umbenannt in 116. BAP	MIG-17, Su-7 Su-24
1989 – 1992	911. APIB (Jagdbombenfliegerregiment)	MIG-27, MIG-23UB

Natürlich gab es auch Unfälle mit Maschinen, die auf dem Brand stationiert waren. Nach Wissensstand sind 7 Abstürze bzw. Bruchlandungen bekannt. Der letzte Absturz fand am 14. Oktober 1981 zwischen Krugau und Dürrenhofe statt.

Abschließend kann zu diesem Abschnitt der Entwicklung auf dem Brand festgestellt werden: So weit entfernt von den Menschen in Oderin, Briesen, Staakow, Waldow, Rietzneuendorf, Schönwalde, Krausnick, Groß Wasserburg und Köthen war der Kalte Krieg nicht, geschweige, wenn er heiß geworden wäre.
Und trotzdem, auch in heutiger Zeit ist Fluglärm nicht völlig verschwunden. Seit 1995 ist ein Teil des Unterspreewaldes Übungsluftraum für Tiefflüge der Bundesluftwaffe. Im "Flüsterton" fliegen diese Flugzeuge nun auch nicht, wenn sie ihre Kampfloopings proben. Für ein Biosphärenreservat mit Totalreservatszonen und seinem stets wachsenden Fremdenverkehr sicherlich ein recht zweifelhafter Standortvorteil!

4. Konversion auf dem Brand und seine heutige Nutzung

4.1. Das Asylbewerberheim

Militärische Hinterlassenschaften beseitigen bzw. einer friedlichen Nutzung zuzuführen ist gelegentlich eine Herausforderung an Generationen. Das trifft im Besonderen auf den Brand zu. Ein Heißer und ein Kalter Krieg haben sein Antlitz geprägt. Nach der Auflassung in 1992 blieben die Wohnsiedlung, Bunker, Rollbahnen u. a. längere Zeit ungenutzt, bis dann das erste Asylbewerberheim des Altkreises Lübben eingerichtet war. Keine allzu glückliche Lösung, wie auch der damalige Cottbuser Polizeipräsident Lüth in einem Zeitungsinterview mit der Lausitzer Rundschau vom 09. Februar 1993 einräumen musste. Dazu kamen auch Bedenken zu ungeklärten Sicherheitsfragen aus den umliegenden Gemeinden. Weit abgelegen und nicht für jeden und alle spürbar sollte hier Integration stattfinden. So sah der Wegweiser zum Asylbewerberheim innerhalb des Flugplatzes aus:

Integration stellt man sich aber fordernder und fördernder vor als in der vorhandenen Lage möglich war. Die infrastrukturelle Anbindung ist dazu auch nicht ausreichend gewesen. Es war bestimmt keine einfache Aufgabe, und trotzdem entwickelte der Heimleiter, Herr Heinrich, u. a. gemeinsam mit der Grundschule Schönwalde erste Aktivitäten. Unter dem Motto "Andere Lebensarten kennenlernen"[95] sollte das gegenseitige Kennenlernen und Verstehen angeregt werden. Schließlich lebten damals Asylbewerber aus 25 Staaten auf dem Brand. Eine private Wachgesellschaft sicherte den Zutritt zum gesamten Flugplatzgelände und damit auch zum Asylbewerberheim. Hier das Wachgebäude nach seiner Entkernung. Die Unterkünfte befanden sich in einem der mehrgeschossigen Wohnblöcke und sind vor ihrem Bezug zeitgemäß renoviert worden.

Letztendlich waren alle Beteiligten froh, als das Heim in die Kreisstadt Lübben verlegt wurde.

4.2. Rückbau und angedachte Sanierung

Mit ersten Abriss- und Räumungsarbeiten war die EAL GmbH aus Radensdorf betraut. Sie beschäftigte 163 Arbeitslose in sogenannten Arbeitsbeschaffungsmaßnahmen bzw. über die Förderung bestimmter Zielgruppen in der sogenannten Grundsanierung. Die fehlenden Dächer und die Entkernung der sowjetischen Unterkunftsbaracken sind ein Ergebnis dieser Maßnahmen. Heute verzieren sie als Ruinen den Kiefernwald.

Auch mehrere Treibstofftanks sind "ausgegraben und zerlegt"[96] worden. Unter dem Aspekt der Sanierung des Flugplatzes stellte die Entwicklungsgesellschaft 1994 ein Projekt zur zivilen Neunutzung vor. Einschlägige Konversionserfahrung hatte die EAL bereits bei ihren Arbeiten auf dem Gelände des GUS-Standortes in der Lübbener Bergstraße, ehemals Jägerkaserne, sammeln können. Sie war daher also nicht unbedarft hinsichtlich einer derartigen Aufgabenstellung. Anfangs ließ es sich recht erfolgsversprechend an. Die Brandenburger Staatskanzlei, der Landrat, der Lübbener Bürgermeister, der Chef des Cottbuser Arbeitsamtes und der damaliger Krausnicker Bürgermeister zeigten sich recht angetan hinsichtlich des Projektes. Mehrfach berichteten so die Lausitzer Rundschau und der BLICKPUNKT in den Jahren 1993 bis 1995 über die Aktivitäten[97] auf dem ehemaligen Flugplatzgelände.

Florierendes, wo die Bomben waren

Was soll aus dem Flugplatz Brand werden? / EAL stellte Konzept vor

Nutzung des Flugplatzes Brand!

Entscheidung wird hingeschleppt!

Entwicklungsagentur Lübben stellt Projekt vor!

Wie allerdings eine künftige Nutzung aussehen sollte, war trotz aller Bemühungen über einige Jahre fraglich und teilweise von recht abstrusen Vorstellungen geprägt. Auf Landes- und Kreisebene fehlten schlüssige Konzepte und das EAL-Konzept kam nicht mehr auf den Tisch.

Schließlich gab es Wichtigeres zu tun, als sich um einen verlassenen Flugplatz zu kümmern. Auch scheinen die angrenzenden Ämter und Gemeinden weitestgehend aus diesem Entscheidungsprozess ausgegrenzt gewesen zu sein. Selbst wenn sich das Amt Unterspreewald und die Gemeinde Briesen um eine sinnvolle Umgestaltung bemühten, gekrönt war das von keinem Erfolg. Plakative Zustimmung zu einer Umnutzung gab es genug, wie z. B. eine Regionalzeitung[98] dazu veröffentlichte: " 'Grünes Licht' gab die Oberfinanzdirektion Cottbus nun für die Sanierung des Flugplatzes Brand. Das 800-Hektar-Areal, 60 km vor den Toren Berlins gelegen, soll so hergerichtet werden, daß Investoren angezogen werden und in wirtschaftlich schwacher, aber nun interessanter Region Arbeitsplätze schaffen". Wie eine interessante Region aussehen geschweige geschaffen werden sollte, darüber war man sich jedoch nicht im Klaren. 1992 und 1993 konnte sich der Autor im Rahmen seiner beruflichen Tätigkeit auf einem Teil des Geländes freizügig bewegen und dabei folgenden Zustand registrieren:

- Außer den Gebäuden war alles militärische Gerät durch die GUS-Streitkräfte demontiert und nach Russland abtransportiert.
- In und um die Gebäude herrschte allerdings teilweise das reinste Chaos. Mutwillige Zerstörung war angesagt gewesen. Betont werden muss, allerdings nicht durch die ehemaligen russischen Streitkräfte, sondern notorische Randalierer und Chaoten waren am Werk. Auch ein Beitrag zum Thema neu gewonnener Freiheit. Dadurch hat sich mit Sicherheit der durch die Jahrzehnte lange militärische Nutzung entstandene Umweltschaden noch vergrößert.
- Die Flugzeugbodendeckungen standen leer und aus den Fugen des Betons der Rollbahnen zwängte sich vielfach schon das Gras.
- Ein kleiner Bereich wurde noch als Flugplatz genutzt. Hauptsächlich Privatflieger frönten hier ihrem Hobby.
- Vereinsamt standen die letzten Waggons an der Laderampe.
- Vor den Zufahrtstoren häuften sich Schrottautos aller Typen und Hersteller.

Aufgrund ihrer einstmaligen militärischen Funktion kann ein Teil der Gebäude wohl nicht funktionell umgenutzt werden. Hier ist dann Abriss der einzige Weg. Das betrifft vor allem die Eigenbauten der Sowjetarmee, wie das folgende Foto aus dem Sonderwaffenlager zeigt.

Für die sowjetische Wohnscheibe gab es auch kein praktikables Nutzungskonzept und so bleibt sie weiterhin eingezäunt und dämmert seit dem Abzug des Asylbewerberheimes in einem steten Verfallsprozess dahin.

Als eine weitere zu hinterfragende Konversionsmaßnahme ist die Demontage des Heizhauses anzusehen. Von ihm stehen nur noch die bauliche Hülle und der Schornstein. Damit stand das Sanierungsaus für die Wohnscheibe endgültig fest.

Selbst im ehemaligen Versorgungslager und dem bereits erwähnten Technikstützpunkt des Flugplatzes, Richtung Schönwalde, war und ist der Verfall deutlich sichtbar. Auch zu diesem Bereich gab es anfangs Sanierungsvorschläge:

- So die Einrichtung eines Zwischenlagers für schwach radioaktiven Abfall aus Krankenhäusern im ehemaligen BASALT-Bunker. Helle Aufregung und Ablehnung entstanden unter der Bevölkerung dank einer unsinnigen Argumentation sogenannter „Naturfreunde". Eine hochwertige medizinische Versorgung, z. B. bei Schilddrüsenbehandlungen, möchten aber alle in Anspruch nehmen.
- Andere Interessenten wollten ein Lager für Pyrotechnik einrichten. Wo Bomben gelagert haben, kann ja auch "friedliches Knallzeug" sein zu Hause finden.

- Weiteren Interessenten schwebte ein Busdepot vor Augen. Aber wo und wie diese Busse eingesetzt werden sollten, hielt schon der kleinsten betriebswirtschaftlichen Betrachtung nicht stand.
- Ein Greifvogelpark wäre auch nicht schlecht. So dachten wieder andere.

Derer Ideen gab es noch etliche, was fehlte, war der berühmte rote Faden und klare Kompetenzen. Im Ergebnis von Verhandlungen zwischen dem Bund und der Landesregierung wurde die gesamte Liegenschaft letztendlich vom Land Brandenburg übernommen. Ausgenommen waren die im Rahmen der Vermögenszuordnung an die Stadt Luckau bereits rückübertragenen Bereiche. Es war ja alter unstrittiger Stadtbesitz. Auch in den Jahrhunderten vorher hatte Luckau seine Rechte auf dem Brand zu wahren gewusst. Immerhin nannte Luckau einstmals 600 Hektar auf dem Brand sein Eigen. Einen Teil des Waldes verkaufte man an Jäger, blieb aber auf der Bunkeranlage und einer sie umgebenden Restfläche sitzen. Hier ebenfalls ein Bild von Zerstörung, wilder Müllablagerung und Verfall. Dadurch war die Stadt Luckau gezwungen Mittel für Sicherungsmaßnahmen einzusetzen. Auch ein gegenwärtiger Blick in das Sonderwaffenlager zeigt nur Verfall und Zerstörung.

Fazit: Ein Verfallsprozess hat begonnen, der ohne das Eingreifen des Menschen einen eindeutigen Sieger haben wird, die Natur. Sie wird vielleicht schon in wenigen Jahrzehnten den Beton, die Ziegel und Straßen unter sich begraben haben. Kurz gesagt, wenig Erfreuliches gibt es in diesen Bereichen vom Brand zu vermelden.

4.3. Brücken-, Straßenbau und Grundwasser

Es gibt aber auch Erfreuliches aus der Zeit bis zu CargoLifter und Tropical Islands zu erwähnen. Für die hier lebenden Menschen und die sie umgebende Umwelt bestimmt nicht das Schlechteste.
Verkehrstechnisch war der Flugplatz, neben dem Eisenbahngleis noch über eine Straße erschlossen. Es handelte sich um die gekappte ehemaligen Ver-

bindungsstraße Krausnick - Brand – Golßen.

An solch einem Tor angelangt, war jedoch an eine Weiterfahrt bis 1992 nicht zu denken. Ähnlich dem Tor zur Sperrung des Eisenbahngleises. Viele Bürger aus den umliegenden Orten forderten, dass diese Straße wieder für den öffentlichen Verkehr freigegeben wird und somit auch zum schnelleren Zusammenwachsen des Amtes Unterspreewald beträgt. Diesem Wunsch wurde ab 2003 stattgegeben. Mit der Übergabe der Brücke über die zweigleisige Eisenbahnlinie konnte noch vor Jahresende 2005 der alte beschrankte Bahnübergang Brand geschlossen werden. Der Brückenneubau erfolgte aber noch auf Wunsch von CargoLifter.

Die neue Brücke.

Schrittweise ist ab 2006[99] die neue verkehrstechnische Anbindung zu Tropical Islands und fortführend über Krausnick in den Unterspreewald verwirklicht worden. Mit dem Bau des neuen Fahrradweges begann es. Um die ursprüngliche Straßenführung herzustellen, musste ein Teil Rollbahn und ein Stück verbuschter Wald, ausgerechnet in der Nähe der bereits erwähnten und im 19. Jahrhundert abgerissenen ehemaligen „Neuen Schenke", für die Neutrassierung und Einbindung entfernt werden.

Der Weg für die alte Straßenführung ist freigeräumt.

Tropical Island brachte sich bei diesem Straßenausbau mit Engagement und unterstützenden Maßnahmen ein. Der Umweg, vorbei an der trostlos dastehenden russischen Wohnsiedlung, war damit Geschichte. Es folgte als dritte Baumaßnahme die Sanierung der Straße von der Eisenbahnüberführung bis zu Tropical Islands. Der letzte Bauabschnitt beinhaltete dann den größten Teil der Straßenerneuerung. Hierzu war allerdings eine verständliche Vollsperrung für jeglichen Verkehr notwendig. Sie begann am 23. April und dauerte bis Anfang Oktober 2012. Auf 3,3 km ist so eine 5,50 Meter breite Fahrbahn entstanden. Die Kreisstraße K6168 sollte so für die Zukunft gerüstet sein. Für die Straße erfolgte eine Umwidmung zu der Landesstraße L711.

Im Jahr 2000 begann eine sehr bedeutsame Sanierungsmaßnahme: Es war die Phasenabschöpfung von Kerosin vom Grundwasser in den Bereichen der ehemaligen Tanklager des Flugplatz Brand. Die FUGRO CONSALT GMBH[100] aus Berlin erhielt den Zuschlag für: „Die Sanierungsplanung, den Sanierungsuntersuchungen sowie der Sanierungsbegleitung". Mit der Realisierung wurde im Dezember 2001 in zwei getrennten Teilmaßnahmen für das ehemalige Haupt- und Zwischentanklager begonnen. Das folgende Bild ist eine Werksaufnahme der FUGRO CONSALT GMBH zu den Zentrallagern des ehemaligen Haupttanklagers.

Ergebnisse, Zitat[101]: „Im Gesamtsanierungszeitraum wurden bisher ca. 1.3 Mio. l Kerosin rückgewonnen und zur Eigenstromversorgung verwendet bzw. der ordnungsgemäßen Entsorgung zugeführt. Über die Bodenluftabsaugung wurden dem System bis Juli 2007 ca. 70 t mobilen Schadstoffs entzogen." Insgesamt waren für diese Arbeit 26 Förderbrunnen geteuft, die in 2002 ihre Tätigkeit aufnahmen. Ein enormer Aufwand, der aber letztendlich den Menschen und der Umwelt zugute kommt.

4.4. Betonwerk Brand

Neben dem Flugplatz und Bahnhof befand sich noch eine weitere Liegenschaft. Es handelte sich um das einstige Betonwerk.

Das Werk verfügte wie der Flugplatz über einen eigenen Gleisanschluss. Der war auch notwendig um die tonnenschweren Betonerzeugnisse abzutransportieren. Sicher waren Standort, Technikbesatz und Produktionsprofil des alten VEB nicht mehr zeitgemäß. So kam es wie bei vielen VEB zur Abwicklung durch die Treuhand.

Das Mischwerk der STRABAG war aber auch nur eine Zwischenlösung ohne ein fortführendes wirtschaftliches Konzept. Die folgenden Bilder zeigen den Bestand des Betonwerks im Jahr 2013 – Verfall und Demontage sind auch hier angesagt.

4.5. CargoLifter – ein unverwirklichter Traum

Aktivitäten gab es in der folgenden Zeit wenige, bis dann im Jahr 1997 erste Vorstellungen zu einer künftigen Werft für Luftschiffe öffentlich bekannt und diskutiert wor-

den sind. Vielfach setzte großes Erstaunen über die anvisierten technischen Möglich-keiten und Chancen ein. Einen Zweifel oder gar ein Hinterfragen des vorgestellten Projektes gab es nicht wirklich, zumal sich auch die politisch Verantwortlichen gern an diesen vermeintlichen Hoffnungsschirm klammerten und sich unter ihm gern sonn-ten. Soviel Politprominenz kam auf den Brand, dass man fast den Überblick verlieren konnte; Ministerpräsidenten, Bundesminister, der Bundeskanzler und sogar der Bun-despräsident gaben sich im wortwörtlichen Sinn die Klinke in die Hand. In einer Zeit von flächendeckender Arbeitslosigkeit, als Ergebnis der Abwicklung ganzer Industrie-zweige, hier sei nur an die geschlossenen Tagebaue und Kraftwerke oder die Um-strukturierung der LPGen erinnert, sicher nicht ganz unverständlich. Das Land förder-te den Bau der Luftschiffwerft[102] mit 77 Millionen Mark. Durch die staatliche Förderung fühlten sich viele Menschen in ihrem Glauben an CargoLifter bestätigt und hofften, dass sie von einer derartigen Entwicklung profitieren könnten. Leider sollten sich alle Hoffnungen und guten Wünsche mit CargoLifter nicht erfüllen. Obwohl es auch mah-nende Stimmen gab, setzt sich der Wagemut und Optimismus durch. Handwerk und Gewerbe der Region sah in dem Werftbau eine Chance zukünftigen Tuns. Weniger beim Bau als später mit der Einbringung von Dienstleistungen rund um die Produktion der Luftschiffe. Landschaftspflege, Dienstleistungen zur Absicherung der Start-, Lan-de- und Parkbereiche für die Luftschiffe und ihren Lasten bis hin zur Gastronomie waren vorstellbar und weckte bei vielen eine unternehmerische Zukunftseuphorie.
Doch beginnen wir mit dem Anfang der Umgestaltung des Geländes. CargoLifter wurde im Gegensatz der landläufigen Auffassung nicht auf dem Brand gegründet. Bereits einige Zeit vor den ersten Aktivitäten, und zwar am 1. September 1996 erfolg-te die Unternehmensgründung in Wiesbaden.

Dass die Wahl des künftigen Werftstandortes auf den alten Flugplatz Brand fiel, war nicht zufällig. Aus mehreren Stand-orten, es sollen an die Zwan-zig gewesen sein, war mit dem Brand das passende Ge-lände gefunden. Sicher spra-

chen einige weiche wie harte Standortfaktoren für die Region so kurz vor den Toren Berlins. Eine optimale Verkehrsanbindung über Auto-bahn und Schiene war gegeben. Gut ausgebilde-tes ingenieurtechnisches Potenzial war verfüg-bar und Förderungsprogramme auf Europa- und Landesebene standen in Aussicht. Die bauvor-bereitende Phase begann im Frühjahr 1998 mit dem Abbruch eines Teils der nördlichen Start- und Landebahn.

Offizieller Baubeginn für die größte freitragende Halle der Welt war dann der 2. Mai 1998. Schon von weiten waren die riesigen Luftballonbögen auszumachen. Bereits damit war die Dimension der künftigen Werfthalle erkennbar. Gesamtbaukosten in Höhe von 163.000.000 DM[103] waren für Hallenbau, Büroeinheit, Besucherzentrum und Energiezentrale erforderlich. Jetzt rückte auch der schon fast vergessene Brand wieder in den Fokus der Öffentlichkeit und konnte sich letztendlich als ein gewichtiger Beitrag Brandenburgs auf der Expo-2000 in Hannover präsentieren. In der Halle war Platz für zwei gigantische Luftschiffe vorgesehen. Als Prototyp sollte das CL 160 entwickelt werden.

Allein die CargoLifter Halle beeindruckt schon mit ihren bloßen Maßen:

107	Meter	hoch
210	Meter	breit
360	Meter	lang
5,5 Mio. qm		umbauter Raum
100000 qm		Dach- und Fassadenfläche

Toröffnungen 100 Meterhoch und 200 Meter breit
1 km Außenkante

Das Modell   Ein Torelement kurz vor dem Einbau

Es ist schon ein beeindruckendes Bauwerk, das vor dem Auge des Besuchers erscheint. Das Bautempo und die logistischen Anforderungen überstieg damals die Vorstellungskraft vieler Besucher und Anlieger. Schon der Antransport von 15.000 Tonnen an Stahlteilen, den rund 112.500 Tonnen Beton, 140 Tonnen Farbe oder der Außenhaut aus PVC-Gewebe machten dies deutlich. Um die Bahnen der Außenhaut überhaupt zurechtschneiden zu können, musste eine neue ca. 200 Meter lange Zuschneidemaschine völlig neu konstruiert und gebaut werden. Später sollte sie den Zuschnitt der Bahnen für die Luftschiffaußenhaut übernehmen. Täglich waren rund 300 Arbeiter verschiedenster Gewerke auf der Baustelle am schaffen. Die Einweihung der Werfthalle erfolgte am 30. November 2000. Beeindruckend ist auch der Energiebedarf. 6 MW Heizungsleistung und zusätzlich noch 3 MW[104] an elektrischem

Leistungsbedarf konnten nicht aus dem öffentlichen Netz entnommen werden. Dann wären bestimmt einige Lichter in der Umgebung ausgegangen. Hinzu kam, dass so dicht bei einem Biosphärenreservat ökologisch erzeugte Energie gefordert war. Ein Blockheizkraftwerk, das noch heute diesen Energiebedarf sichert, richtete es.

Mit einer Vielzahl von Aktivitäten warb CargoLifter für seinen Standort und sein Unternehmen auf dem Brand, beispielgebend seinen dafür genannt:

- 02. Mai 1998 erster Spatenstich vor 4.500 Gästen
- 04. März 1999 Vortrag vor den Mitgliedern und Sympathisanten der Bundesvereinigung Mittelständischer Wirtschaft in der Brauerei Schlepzig
- 09. März 1999 Vortrag vor Teilnehmern des DVS und des TÜV Süddeutschland in München
- 13. März 1999 Tag der offenen Tür in Brand
- 25. März 2000 Eröffnung des Besucherzentrums.

Rundflüge mit dem Versuchsluftschiff Joe wurden angeboten. Übrigens, Joe war keine Eigenentwicklung oder gar Eigenbau. Es ist gekauft worden. 2004 war es nach seiner Veräußerung zur Luftraumüberwachung bei der Olympiade in Athen eingesetzt. Produktionsstart zum Bau der Luftschiffe erfolgte durch Brandenburgs Wirtschaftsminister am 27. September 2001.[105] Was eigentlich hergestellt werden sollte, war schon damals nicht so richtig zu erkennen. War es nun der riesige Ballon CL 75 mit seiner Hebeleistung von 75 Tonnen oder doch das CL 160? Zumal das CL 75 in den USA, bei einer Tochtergesellschaft der CargoLifter AG, entstanden war.

Um den reibungslosen Straßenverkehr zur CargoLifter-Werft zu gewährleisten, war der Bau einer Straßenbrücke über die Bahnstrecke beim Bahnhof Brand erforderlich. Von CargoLifter angeschoben erfolgte der Bau erst, als Tropical Islands bereits eingezogen war. Im Februar 2005 war Grundsteinlegung für diesen fast 2½ Millionen Euro teuren Neubau. Wie so vieles während dieser Zeit erfolgte der Brückenbau in einem zügigen und termingerechten Tempo.

Bereits am 14. November 2005 fand die vorfristige Übergabe für den öffentlichen Verkehr statt. Sicher war das auch ein positives Signal zum bereits geschilderten weiteren Ausbau der Kreisstraße K6168, in Richtung Krausnick und der schlüssigen Anbindung des Unterspreewaldes.

Neben der entstehenden Werfthalle nutzte CargoLifter aber auch ehemalige militärische Funktionsgebäude. In einigen Bodenabdeckungen waren u. a. die Kommunikationszentrale, der Entwicklungsbereich, das Besucherzentrum oder die Kantine eingerichtet.

In 2000 haben rund 16.000 Aktionäre gut 20,6 Millionen an Aktien[106] von CargoLifter gehalten. Am Emissionstag in 1998 lag der Wert pro Aktie bei 32,50 Deutsche Mark.

Viele Bewohner der Region haben durch Zeichnung von Aktien an diese Vision und seine positive Entwicklung geglaubt. Interessant sind auch die verschiedensten Presseveröffentlichungen über den kometenhaften Aufstieg und schnellen Fall von CargoLifter. Beispielgebend sollen hierzu einige Artikelüberschriften aus der regionalen Presse erwähnt werden:

1998	Spreewald Kurier	"Mai 1998 erster Spatenstich"
	Lausitzer Rundschau	"In Brand buddeln schon die Bagger"
1999	Brand aktuell	"Knapp 60% private Aktionäre"
	BLICKPUNKT	"Ein Schwergewicht aus Stahl"
2000	Lifter News	"Gelungener Start ins Jahr des Börsenganges"
	WochenKurier	"Der Bundeskanzler schaut CargoLifter auf die Finger"
	Lausitzer Rundschau	"Halleneinweihung am 22.11.2000"
2001	Lausitzer Rundschau	"5.700 Aktionäre, neues Projekt als Aircrane"

Bis hier scheint noch alles in Ordnung zu sein, doch dann die ersten bedenklichen Verlautbarungen:

2001	Lifter News	"Aufbruchsstimmung in Brand" und "Erste Zeitverzögerung bei der Entwicklung des CL 160"
	Lifter News	"Erste Zusagen für geplante Kapitalerhöhung"
2002	Lausitzer Rundschau	"Das Luftschiff von CargoLifter wird fliegen"

Gab es den begründeten Zweifel am Fortbestand der Werft? Wenig später klang bereits der Abgesang mit:

2002	Lausitzer Rundschau	"CargoLifter soll saniert werden" (Gemeinnützige Auffanggesellschaft)
	BLICKPUNKT	"Unheimliche Stille"

Zum Schluss eigentlich nur noch Häme:

2003	Lausitzer Rundschau	"Lego-Steine statt Luftschiffträume"
	Lausitzer Rundschau	"Bis März noch Führungen auf der CargoLifter Werft"

Leider war das Projekt CargoLifter leichter als die angedachten Luftschiffe, es verflüchtigte sich im Jahre 2002 mit Zahlungsunfähigkeit und das Geld der Anleger war verbrannt. Am 7. Februar 2002 meldete die CargoLifter AG Insolvenz[107] an. Besonders den vielen Kleinanleger bescherte die „Freie Marktwirtschaft" eine recht harte Landung aus den Höhen des Luftschiffbaus und erzeugte zeitweise sehr distanzierte Haltungen gegenüber derartigen Großprojekten.

Jetzt folgte eine Zeit hektischer Bemühungen seitens der Landesregierung und des Landkreises, um den Standort wirtschaftlich zu erhalten. Die Suche nach neuen Nutzungskonzepten und Investoren gestaltete sich dabei schwieriger als anfangs gedacht. Das Sanierungskonzept des Insolvenzverwalters griff auch nicht voll. Bei der zu verwertenden Objektgröße und seinem gescheiterten Nutzungskonzept verständlich. Nach Presseveröffentlichungen gab es mehrere Kaufinteressenten. Die Ansiedlung von Firmen aus dem Bereich „Leichter als Luft" weckte dabei eher schlechte Erinnerungen. Eine Nutzung für TV-Aufzeichnungen, wie durch den Privatsender Sat.1 in 2003 praktiziert, oder Gedanken für einen Indoor-Greifvogelpark hatten gleichwohl wenig Chancen auf Erfolg. Nicht nur die riesige Halle, sondern auch das angrenzende Gelände war zu verwerten. Es blieb dabei, nur finanzkräftige Investoren waren in der Lage die Riesenhalle und das dazugehörende Areal einer wirtschaftlich erfolgreichen Nutzung zuzuführen.

Resümee: CargoLifter war ein Blick auf Technologien von morgen und sollte ein neues Kapitel der Luftschifffahrt schreiben. Die Zeit war leider noch nicht reif dafür.

4.6. Tropical Islands – Die Chance für den Brand

Es war schon sehr erfreulich und erstaunlich, dass bereits nach etwas mehr als einem Jahr wieder Bewegung rund um und in der Halle entstand. Ab 2003 konzentrieren sich nun alle Hoffnungen auf den neuen INVESTOR COLIN AU und sein Projekt Tropical Islands. Nach seinen Worten habe er während eines Aufenthaltes in den USA von der ungenutzten CargoLifter-Halle auf dem Brand erfahren. Sein unternehmerisches Interesse war geweckt. Eine erste Inaugenscheinnahme und wenig später schon die viel beachtete öffentliche Vorstellung seiner Nutzungskonzeption vor Bürgermeistern, Firmenchefs und interessierten Anwohnern im alten Besucherzentrum folgten. In der freitragenden Halle sollte ein riesiges Tropenparadies entstehen. Zumindest war es etwas Bodenständiges. Palmen und Badelandschaften fliegen ja bekanntlich nicht weg. Erste Pflanzen der Hoffnung sprossen, aus denen bis heute richtig schöne Palmen gewachsen sind. Die Lausitzer Rundschau vom 27. August 2003 veröffentlichte ein Interview mit Colin Au. Alles sprach ab da über und für sein Tropenparadies. Der malaysische Konzern TANJONG erwarb mit Kaufvertrag vom 11. Juni 2003 die Halle zusammen mit dem angrenzenden Gelände. Der Umbau der Werfthalle zu Europas größtem überdachten Tropenparadies konnte beginnen. Hier betrat das Unternehmen auf eigenes Risiko technologisches Neuland. Ein Risiko, das sich aber im Nachhinein betrachtet gelohnt hat. Bereits am Ostersamstag 2004 wurde das Besucherzentrum des künftigen Tropical Islands eröffnet.

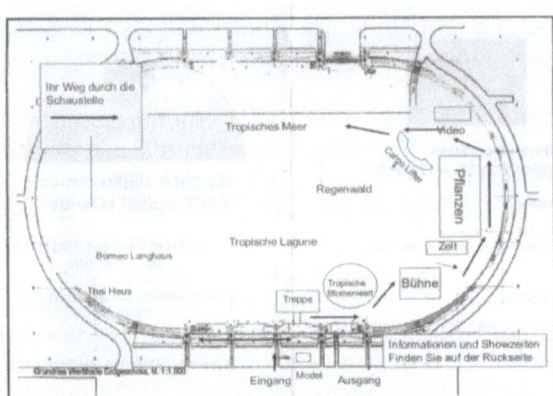

Der erste Flyer informiert.

Hier konnten sich die Besucher und Gäste über die „70 Millionen Euro Investition auf dem 500 Hektar großen Gelände"[108] informieren. Mit einem Bus ging es anschließend zur Halle. Mittels mehrerer Informationsblätter haben sich die Besucher zu den Zahlen und Fakten des Vorhabens informiert. Gleichzeitig erhielten sie die Möglichkeit, auf einem Fragebogen Stellung zu dem Tropenaufbau zu beziehen. Im Gegensatz zu allen vorherigen Maßnahmen und Vorhaben auf dem Brand war jetzt also erstmals auch die Bevölkerung zur Meinungsäußerung aufgefordert.

Als sich am 1. Mai 2004 letztmalig die je 800 Tonnen schweren Tore der ehemaligen Werfthalle öffneten und die verbliebenen beiden kleinen Luftschiffe ausfuhren, war die vermeintlich neue technische Ära von CL endgültig beendet und der Umbau begann.

Eine der ersten Baumaßnahmen[109] war der Einbau eines riesigen Badebeckens aus Edelstahl mit einer Länge von 140 mal 50 Meter Breite und einem Fassungsvermögen von über 5.500 m³ Wasser sowie die schrittweise Entstehung eines Tropenwaldes mit seinen mehr als 10.000 Bäumen und Sträuchern.

Ein Weg zum Flanieren unter Palmen, 6 Restaurants und ein Show-Bereich sollten dann als Erstes in Folge entstehen. Die Entstehung einiger Bereiche des Tropenparadieses offenbart auch Interessantes. Unter einer 3,8 m hohen Erdabdeckung verbirgt sich heute das auf 173 Stahlbetonpfählen ruhende neue Service- und Dienstleistungsgebäude. Es nimmt eine Fläche von 120 mal 60 Meter ein. Seine deckende Erdschicht ist gleichzeitig der Pflanzboden für den Tropenwald. Damit das Tropenparadies optimale Entwicklungsbedingungen für seinen Regenwald bekommt und die Gäste gleichzeitig Sonnenlicht genießen können, wurden zwischen Juni und Oktober 2005 mehrere Folienbahnen der Außenhaut durch lichtdurchlässige Kunststoffmembranen ausgetauscht.

Das erfolgte aber schon während der Nutzung und sprach vom technischen Können der Industriekletterer. Das öffentliche Interesse war enorm groß und so haben täglich 3.000 bis 4.000 Besucher die Baustelle in Augenschein genommen. Tropical Islands wird aufgebaut – eine Region blickte wieder optimistisch auf den Brand!
Bereits im Oktober 2004 weihte eine malayische Tanzgruppe das Borneo-Langhaus und schon einen Monat später segnete ein thailändischer Mönch das neu entstandene Thaihaus. Der „Tropical Sea" wurde ca. einen Monat vor Eröffnung innerhalb von 7 Tagen geflutet. Der 19. Dezember 2004 war der wichtige Tag für Tropical Islands[110], seine Eröffnung. Brandenburger Ministerpräsidenten Platzeck, Landrat Wille und Unterspreewalds Amtsdirektor Saß sprachen an diesem Tag mit Recht von einer

Chance für das Land und die Region.

Acht Monate Umbau waren schon wieder eine logistische und bautechnische Meister-
leistung. Allein an den beiden folgenden Weihnachtsfeiertagen besuchten 16.000
Gäste die Lausitzer Tropen auf dem Brand. Tropical Islands wurde angenommen.

Es locken die Tropen in der Niederlausitz.

Selbstverständlich wollte das größte Tropenparadies Europas auch weiterhin seinem
guten Ruf und hohem Erlebnisstandard gerecht werden. So wird beständig investiert.
Beispielgebend dafür steht die in 2006 entstandene 27 m hohe Wasserrutsche, eine
in 2007 für 8 Millionen € errichtete Wellness-Landschaft mit Saunaparadies, ein kom-
fortabler Campingplatz für Individualtouristen entstand. Am 01. Juni 2010 konnten die
ersten 21 Ferienhäuser in Nutzung genommen werden.

Gemeinsam mit einer däni-
schen Firmengruppe sollten bis
2013 insgesamt 650 Millionen
Euro in den Ferienpark investiert werden. Auch die Lodges in
der Halle ziehen viele Über-
nachtungsgäste an. In dem
hauseigenen Magazin „Tropische Momente"[111] von 2012
wird mit Tipps für einen Tro-
penurlaub geworben. Well-
nessangebote, eine Wanderung
durch den Regenwald, Action,
Spaß, Spannung und Erlebnis-
gastronomie sorgen so für er-

holsame Tage.

Bisher ist die Anreise zu Tropical Islands per Zug, Bus oder privatem PKW möglich. Aber auch ein Kleinflugplatz war im Gespräch. Schließlich wäre so an eine alte fliegerische Tradition auf dem Brand angeknüpft worden. Jetzt allerdings in friedlicher Mission. Deshalb erfolgte am 15. Juli 2010 die Gründung der Tropical-Wings GmbH[112], deren Ziel es war, einen Teil des noch vorhandenen "Flugplatz Brand als Sonderlandeplatz zu reaktivieren". Eine Erfolgsmeldung mit der Genehmigung blieb allerdings aus. Tropical Islands entwickelt sich trotzdem erfolgreich und ist gleichzeitig der wirtschaftliche Katalysator auf dem Brand, für den angrenzenden Unterspreewald und die Region. Künftig soll weiter erfolgreich investiert werden, Zitat[113]: "Die Freizeitanlage Tropical Islands in Krausnick (Dahme-Spreewald) soll für eine halbe Milliarde Euro erweitert werden."

Dass sich die Investitionen gelohnt haben zeigt, dass der Campingplatz im Jahr 2014 den Publikumspreis und zwei Jahre später die gesamte Anlage von Tropical Islands im Guinness-Buch seinen Niederschlag fand. Die Tropische Saunalandschaft ist 2018 mit vier Sternen und dem Titel „Sauna-Selection" ausgezeichnet worden. Am 1. Mai 2016 wurde dann AMAZONIA auf einer Fläche von fast vier Hektar übergeben – Badespaß pur im Außenbereich. Aber auch die Anzahl der Ferienhäuser wurde verdoppelt, als im September 2020 135 „Sunrise Homes" der Nutzung übergeben werden konnten.

Der Eigentümerwechsel in 2018 zur „Parques Reunidos Group", einem spanischen Ferienkonzern, hat die erfolgreiche Entwicklung von Tropical Islands weiter befördert. Über 540 Arbeitskräfte und 100 Beschäftigte anderer Firmen sorgen sich Tag und Nacht um das Wohlbefinden Gäste. Damit ist Tropical Islands der größte Arbeitgeber der Region. Als dann 2020 COVID-19 mit dem ersten Lockdown eine dreimonatige Schließung anstand nutze man die Zeit für kleinere Instandsetzungsarbeiten. Anschließend war Badeurlaub wieder angesagt, zumindest bis November 2020. Jetzt kam der zweite Lockdown über 7 Monate. Wenn die Gäste fehlen, schlägt sich das betriebswirtschaftlich schon nieder. Ab 12. Juni 2021 konnte endlich wieder geöffnet werden. Beide staatlich angeordneten Lockdown waren schon eine harte Bewährungsprobe.

Hinter dem Torbogen des Tropical Islands Resort findet der Urlauber Ferienhäuser, den Campingplatz und viele Carawanstellplätze.

Unterm Strich betrachtet, begann mit Tropical Islands erst die Erfolgsgeschichte der Konversion auf und für den Brand. Viel Glück!

4.7. Der Landkreis investiert

In 2021 investiert der Landkreis Dahme-Spreewald auch auf dem Brand. Es entsteht eine Rettungswache neben der Landstraße und auf einem Stück der alten Betonpiste zum Sonderlager.

5. Wandern und Radfahren auf und um den Brand

Ein gut ausgeschildertes Wegenetz führt immer ans Ziel.

Blick vom Wehla-Berg auf Köthen und seinen See

Wie bereits vor über 150 Jahren erschließt sich einem dieses Fleckchen brandenburgischer Erde am besten als Wanderer und heute selbstredend auch auf dem Fahrrad oder im Sattel eines Pferdes. Die aufgeführten Touren sind als Anregung für eigene Aktivitäten zu verstehen.

Tour 1 in Krausnick beginnend (ca. 18 km und davon 3 - 4 km auf der alten Heerstraße). Der Dorfstraße folgend bis zum Abzweig Ringstraße. In sie einschwenken und auf dem ausgeschilderten Weg über die Pechhütte bis an den verlandeten Luchsee (preußischer Wegweiser) bequem wandern. Dann nach rechts den leicht ansteigenden Weg Richtung Wehla-Berg folgen. Unterhalb der Bergspitze entweder nach rechts zum Aussichtsturm auf dem Wehla-Berg abbiegen oder nach links zum Bunten Stiel. Ab Bunten Stiel befindet man sich wieder auf der Heeres- und Handelsstraße. Von hier folgen wir der alten Straßenführung und gelangen zum „Hungrigen Wolf". Ca. 300 m nach dem „Hungrigen Wolf" kommen wir auf die alte Straße von Oderin nach Köthen, einem breiten Waldweg.

Auf diesem biegen wir rechter Hand ein und gelangen so auf die Teerchaussee Märkisch Buchholz – Köthen. Rechts abgebogen und nach rund 1,5 km sind wir in Köthen angelangt. Die Jugendherberge und ein gepflegter Naturbadestrand laden zur Rast ein. Am Köthener-See entlang führt uns der Weg nach Groß Wasserburg. Zuerst kommen wir an der Anlegegestelle Campingplatz vorbei. Kurz dahinter verlassen wir die Straße und biegen halb links ab. Wenig später führt uns der Weg am Turnierplatz des Gestüts Pichersee vorbei. Nach ca. 1,5 km haben wir Groß Wasserburg erreicht. Hier finden wir einen Kahnhafen mit Wasserwanderrastplatz, einem Landgasthaus mit Biergarten und ein Café vor. Richtung Krausnick verlassen wir Groß Wasserburg. Am alten Kriegerdenkmal entscheiden wir uns für eine der zwei Möglichkeiten, um zurück nach Krausnick zu gelangen. Entweder der Chaussee folgend oder den Wander- und Radweg durch den Wald. Letzterer Weg belohnt uns an seinem Ende mit dem Restaurant im Landhotel. Abschließend krönen wir unseren Tagesausflug mit einer Besichtigung der alten Krausnicker Fachwerkkreuzkirche. Sie ist nach der Wende aufwendig restauriert worden.

Tour 2 in Groß Wasserburg beginnend (ca. 15 km, davon knapp 2 km auf der Heerstraße)

Vom Parkplatz an der Wasserburger Spree, eine letzte Stärkung ist im Landgasthof oder dem Café möglich und ratsam. Vorbei an der neu gestalteten Litfaßsäule den Weg ca. 3,5 km immer leicht ansteigend durch Wald auf den 144 m hohen Wehla-Berg folgend. Vom Aussichtsturm kann bei guter Sicht Berlin erspäht werden bzw. ein Blick auf Tropical Island fallen. Dann geht es abwärts zum Bunten Stiel und damit auf die alte Heeres- und Handelsstraße. Vom Bunten Stiel folgen wir der alten Straßenführung und gelangen zum „Hungrigen Wolf". Bis zu dem kleinen Urlaubcrort Köthen folgen wir der Wegbeschreibung wie unter Tour 1 beschrieben. Am Köthener-See entlang, vorbei am romantisch gelegenen Reitturnierplatz kommen wir dann wieder an unserem Ausgangspunkt in Groß Wasserburg an. Hier besteht die Möglichkeit zu einer Kahnfahrt in den Unterspreewald. Ein Stück Natur, die ihren Namen Spreewald alle Ehre macht. Wobei die Betonung auf Wald liegt. Der Unterspreewald besteht großflächig aus Hochwald mit einer vielfältigen Flora und Fauna.

Auf beiden Touren können wir also ein Stück des Weges vom Kirchenlieddichter Paul Gehrhardt nachvollziehen. Zumindest in der Ruhe und Beschaulichkeit des uns umgebenden Kiefernwaldes kann der Wanderer/Radtourist seinen Gedanken nachhängen und einen Ausgleich für die alltägliche Hektik des Lebens finden. Berittene Naturfreunde sollten sich nur auf den markierten Reitpfaden bewegen. Wanderungen auf dem Brand sind an keine Jahreszeit gebunden, sie verlangen nur etwas Zeit.

Tour 3 führt uns per Fahrrad rund um den Brand.
Start vom Parkplatz in Groß Wasserburg in Richtung Krausnick. Ab dem Kriegerdenkmal folgen wir dem Hofjagdweg nach Krausnick, vorbei am Landhotel durch Krausnick in Richtung Brand. Ab dem Ortsausgang biegen wir links auf den neuen Fahrradweg ein und folgen diesen bis Brand. Dabei passieren wir Tropical Island, fahren über die neue Straßenbrücke (Eisenbahnstrecke Berlin-Görlitz) und biegen nach rechts den Flecken Brand passierend in Richtung Briesen ab.

Das Schloss in Briesen.

In Briesen fahren wir an einem Schloss vorbei und gelangen zu einer gutbürgerlichen Gaststätte. Mit Kindern lohnt ein erfrischender Stopp im gepflegten Briesener Freibad. Nachdem wir uns gestärkt haben folgen wir der Straße nach Oderin. Oderin verlassen wir auf der Straße in Richtung Teurow, überqueren dabei die Eisenbahngleise und biegen nach ca. 300 m rechts auf einen Feldweg ein, ausgeschildert mit einem Hinweisschild „Köthen - Jugendherberge". Nach ca. 500 m erreichen wir schon den Waldsaum und müssen evtl. den folgenden halben Kilometer die Fahrräder auf einem zerfahrenen, sandigen Wegstück bergan schieben. Anschließend geht es ein paar Kilometer durch herrlichen Kiefernwald bis auf die Chaussee Märkisch Buchholz – Köthen. Die letzte Wegstrecke über Köthen nach Groß Wasserburg ist identisch mit der Wanderstrecke in Tour 1. Jetzt laden das Café, der Gasthof, der Wasserrastplatz, verbunden mit Stellplätzen für Caravan und Co., liegt direkt an der Wasserburger Spree und dem Randkanal, ein. Per Boot besteht ab hier dir Möglichkeit über den Köthener See, der Dahme bei Märkisch Buchholz folgend auf Berliner Gewässer zu gelangen. Aber das ist bereits ein weiteres Wochenende wert.

Die 3. Tour kann selbstredend auch ab den Bahnhof Brand gestartet werden. Mit dem Regionalzug von Berlin über Königs Wusterhausen erreicht der Tourist mit seinem Fahrrad bequem den Ausgangspunkt für eine interessante Tour.
Die vorgestellten Wander- und Fahrradrouten gestatten einen Blick auf eine unverwechselbare Landschaft der Niederlausitz, den Brand mit seiner Tradition und Zukunft.

6. Abbildungsverzeichnis:

Sofern nichts anderes angegeben, stammen die Abbildungen und Fotos vom Verfasser bzw. aus seiner Sammlung.

S. 10   Meßtischblatt 3948 Oderin, Reichsamt für Landaufnahme, Berichtigt 1928
S. 22   Kartenausschnitt von BLHA, Rep.37 KwH, Amt Buchholz, Nr. 12
S. 24   1938 Kreiskalender Beeskow-Storkow, Nach einem Stich von Steinbach/Wendisch Buchholz, S. 35
S. 26   Foto vom Brunnen ‚Hungriger Wolf' von 1972, Sammlung D. Dommain, 15907 Lübben
S. 34   Karte Spreewald-Verlag Bernd Blume, 15907 Lübben, ISBN 3-9802918-2-0
S. 40   Deutschlandbildheft Nr. 282, Der Unterspreewald, S. 41
S. 40   Fotos Forstarbeiten, Sammlung Familie Schönhauer/15910 Groß Wasserburg
S. 41   Kopien aus Chronik Krausnick zum Jagdwesen, Gemeindeamt, 15910 Krausnick
S. 43   Ansichtskarte, 1908 Turm auf dem Wehla-Berg, Sammlung Erika Menze, 15910 Groß Wasserburg
S. 45   Deutschlandbildheft Nr. 282, Der Unterspreewald, S. 36
S. 45   Archiv Oberförsterei Krausnick, sind dem BLHA Potsdam übergeben worden
S. 50   Linsener/Krausnick, BA Bln R/3701, Dokumente für E-Hafen II.Ordnung bei Briesen Kr. Luckau
S. 50   Munitionsbunker 1939, Sperrgebiet.eu-Bunker in www.sachsenschiene.net
S. 50   Wappen, Vergl. Die Flugzeugführerschule A/B3 Guben auf www.jbg37.de
S. 51   Landkarte Brand: Flugplatz, mil-airfields.de/deutschland/flugplatz-brand-gssd, Auszug
S. 52+53   wikipedia.org, Arado & Junkers
S. 54   Max Pilop, Die Befreiung der Lausitz, VEB Domowina-Verlag Bautzen, 1986
S. 54   Vortrag Flugplatz Brand von Dipl. Ing. Scheibe in 2000, Folie 1945 IL-2 über Berlin
S. 54   https://de.wikipedia.org/wiki/Sowjetarmee, Fahrzeugemblem
S. 56   1953 Brand: Flugplatz, mil-airfields.de/deutschland/flugplatz-brand-gssd, Auszug
S. 57   1970 Brand: Flugplatz, mil-airfields.de/deutschland/flugplatz-brand-gssd, Auszug
S. 60   1990 Brand: Flugplatz, mil-airfields.de/deutschland/flugplatz-brand-gssd, Auszug
S. 61   Luftbildkarte ICAO, Ausgabe 1991 zu Flugplatz Brand von Dipl. Ing. Scheibe, 2000
S. 62   Vortrag Flugplatz Brand von Dipl. Ing. Scheibe in 2000, Folie Su-7
S. 63   Führungsbunker Brand, Sperrgebiet.eu-Bunker in www.sachsenschiene.net
S. 64   Sammlung Sigmar Frenzel, Bautzen, S-125 NEWA
S. 65   Stefan Best, Geheime Bunkeranlagen der DDR, 2. Auflage, Motorbuchverlag
S. 68   Vortrag Flugplatz Brand von Dipl. Ing. Scheibe in 2000, Folie MiG-27,
S. 77   Foto von FUGRO CONSULT GMBH Umwelt-Geotechnik-Analytik, ProjektbeschreibungU1-2-6
S. 79   Anstecker Grundsteinlegung & Briefkopf, CargoLifter
S. 80   Modell der Halle, Ausstellungs-Center von CargoLifter
S. 84   2004 Besucherzentrum Tropical Islands, Der erste Informationsflyer

7. Literaturverzeichnis

[1] Heinz-Dieter Krausch, Die Wälder der früheren Herrschaft Baruth gegen Ende des 16. Jahrhunderts, Jahrbuch für Brandenburgische Landesgeschichte, 15. Band, Berlin 1964, S. 22-49

[2] Rudolf Lehmann, Brandenburg-Preußen und die Niederlausitz, Jahrbuch für brandenburgische Landesgeschichte, 10. Band, Berlin 1959, S. 43

[3] Riehl; Scheu (2009): Berlin und die Mark Brandenburg mit dem Markgrafenthum Niederlausitz in ihrer Geschichte und in ihrem gegenwärtigen Bestande. 1. Aufl. 1 Band. Berlin 1861, S. 665

[4] Historisches Ortslexikon für Brandenburg, Teil IX Beeskow-Storkow, Reprint im Verlag Klaus-D. Becker Potsdam 2011, S. 38

[5] August Trinius, Märkische Streifzüge, Der Spreewald 1887, Band 3, S. 164

[6] Berghaus, Landbuch der Mark Brandenburg, Berlin 1854, Band III, S. 645

[7] Sammlung Heinz Witzsch, 15910 Freiwalde, Kopie der Rapportbuchseite des Forstmeisters Schröder von 1910, ehemaliges Archiv der Försterei Krausnick (Meierei)

[8] Paul Reusche, Krausnicksches Hausbuch 1684-1721, Lausitzer-Landes-Zeitung Cottbus 26. Mai 1925

[9] Ebenda und Alwin Arndt, Zur Vegetationsgeschichte der Niederlausitz, Niederlausitzer Mitteilungen, Guben 1925, Band XVII, S. 41-51

[10] Ehemals Ständisches Archiv, Kreis Luckau, Nr. 475

[11] BLHA Potsdam Rep 37 KW, Urkunden von Groß Wasserburg Nr. 532 vom 23. Juni 1725

[12] Alwin Arndt, Zur Vegetationsgeschichte der Niederlausitz, Niederlausitzer Mitteilungen, Guben 1925, Band XVII, S. 41-51

[13] ebenda

[14] BLHA Potsdam, 17B 1777, 17B 1778 & 17B 1779

[15] Vergl. BLHA Potsdam, Pr. Br. Rep. 37, Kwh, Prinzl Amt Buchholz, Nr. 1,2, 3, 4, 5, 6, 7, 12

[16] BLHA Potsdam, 17B 1689

[17] Borgstede, August Heinrich von (2013): Statistisch-topographische Beschreibung der Kurmark Brandenburg. 2 Bände. Potsdam: Becker (1). S.97

[18] Die Rittergutsbesitzer des Kreises Luckau i. J. 1811, Luckauer Heimatkalender 1928, S. 101 bis 103

[19] Paul Reusche, Krausnick, Die Hinrichtung der Maria Elisabeth Radochlai in Krausnick im Jahre 1752, Lausitzer-Landes-Zeitung

[20] Matthias Hoffeins, Alltagsleben mit einer Grenze, in Brandenburg und seine Landschaften, Lukas Verlag Berlin, 2009, S. 77

[21] Ebenda S. 77

[22] Sammlung Horst Zwingenberger†/ Märkisch Buchholz, Kopie von 2011 zu Paul Friedrich Puls, 'Rings um den Buntenstiel'. Geschichtliche Plauderei aus Grenzlandstagen, Kreiskalender Beeskow-Storkow, S. 33

[23] Sammlung Heinz Witzsch / 15910 Freiwalde, Kopie der Landes-Ordnung des Churfürsten Johann Georg I. zu Sachsen vor das Markgrafentum Niederlausitz das Polizei-Wesen in selbigen betreffend vom 2. Dezember Anno 1651

[24] Historisches Ortslexikon für Brandenburg, Teil IX Beeskow-Storkow, Verlag Klaus-D. Becker, Potsdam 2011, S. 38

[25] Alwin Arndt, Zur Vegetationsgeschichte der Niederlausitz, 1. Der Brand, Niederlausitzer Mitteilungen, XVII. Band, Erste Hälfte, 1925, S. 43-45

[26] Heidschnucken vor dem Tropischen Freizeitpark, Lausitzer Rundschau vom 23.04.2008, S. 11

[27] Alwin Arndt, Zur Vegetationsgeschichte der Niederlausitz, Niederlausitzer Mitteilungen, Guben 1925, Band XVII, S. 41-51

[28] Karl Groß, Kreis Beeskow-Storkow, In Sagen und Geschichte, 1923, S. 20 - wiedergegeben in Steine in unseren Wäldern, H. J. Sommerfeld 2004

[29] Margitta Berger u. a., Sagen und Geschichten aus dem Dahmeland, 1990, S. 43

[30] Topographisch-statistische Uebersicht des Regierungsbezirkes Frankfurt a. O., Berlin 1820

[31] Riehl; Scheu (2009): Berlin und die Mark Brandenburg mit dem Markgrafenthum Niederlausitz in ihrer Geschichte und in ihrem gegenwärtigen Bestande. 1. Aufl. 1 Band. Berlin 1861, S. 696

[32] Ebenda S. 697

[33] Alwin Arndt, Zur Vegetationsgeschichte der Niederlausitz, Niederlausitzer Mitteilungen, Guben 1925, Band XVII, S. 41-51

[34] Sammlung Horst Zwingenberger†/ Märkisch Buchholz, Kopie von 2011 zu Der hungrige Wolf einst und jetzt, Novelle aus einer Zeitung von 1925

[35] vergl. Bratring, Beschreibung der gesamten Mark Brandenburg, 1804

[36] Sammlung Horst Zwingenberger†/ Märkisch Buchholz, Kopie der Niederschrift von Ferdinand Kerner, Briesen 3.1.1981 von 2011, "Der räuberische Wirt der Neuenschenke"

[37] Dr. Volker Kummer, Der Abriß der neuen Schänke, Lübbener Heimatkalender 1996, S. 56 ff.

[38] Ebenda, Kummer, S. 61/62

[39] Ebenda, Kummer, S. 58

[40] Historisches Ortslexikon für Brandenburg, Teil IX Beeskow-Storkow, Verlag Klaus-D. Becker, Potsdam 2011, S. 234

[41] Weber und Peck, Wanderfahrt am 6. Dezember 1908, Berlin, S. 15

[42] Paul Friedrich Puls, Rings um den 'Buntenstiel', Kreiskalender Beeskow-Storkow 1938, S. 34

[43] Historisches Ortslexikon für Brandenburg, Teil IX Beeskow-Storkow, Verlag Klaus-D. Becker, Potsdam 2011, S.38

[44] vergl. Willibald Alexis, Cabanis, Vaterländischer Roman, Zweiter Band, S. 8 bis 47, Hanseatische Verlagsanstalt Hamburg 1924

[45] Willibald Alexis, Cabanis, Vaterländischer Roman, Zweiter Band, S. 14, Hanseatische Verlagsanstalt Hamburg 1924

[46] Franz Müller, Wahrheiten und Sagen über den Hungrigen Wolf und die Neue Schänke, Heimatkalender Königs Wusterhausen und Dahmeland 1998, S. 47

[47] Sammlung Horst Zwingenberger / Märkisch Buchholz, Kopie von 2011: Rudolf Lehmann, Geschichte des Markgrafentums Niederlausitz, Verlag der Wilhelm und Bertha von Baensch Stiftung Dresden, 1937

[48] Festschrift zur 700-Jahr-Feier der Stadt Märkisch Buchholz, 2001, S. 13

[49] Franz Müller, Heimatkalender 1997 Königs Wusterhausen und Dahmeland, S. 46

[50] Sammlung Horst Zwingenberger / Märkisch Buchholz, Kopie von 2011: Lübben, den 10. August 1834 Königliches Post-Amt

[51] Karl Gander, Aus der ältesten Geschichte des deutschen und sächsischen Postwesens und dem der Niederlausitz, Niederlausitzer Mitteilungen, XIX. Band, Erste Hälfte, 1929

[52] Franz Müller, Die Verkehrsanbindungen des Städtchens Märkisch Buchholz, Heimatkalender 2003 Königs Wusterhausen und Dahmeland, S. 81-85

[53] vergl. ebenda, Franz Müller, S. 81-85

[54] Sammlung Horst Zwingenberger / Märkisch Buchholz, Kopie von 2011, R. Kiefer, Von der Chaussee Berlin - Kottbus, in Heimat und Ferne, Beilage zum Teltower Kreisblatt vom 26. Januar 1932, S. 1

[55] Ebenda Sammlung Horst Zwingenberger / Märkisch Buchholz, Kopie von 2011, S. 1

[56] Ebenda Sammlung Horst Zwingenberger / Märkisch Buchholz, Kopie von 2011, S. 1

[57] Brandenburgisches Landeshauptarchiv (BLHA), Rep. 8 Stadt Lübben Nr. 5596, Bl. 48

[58] Brandenburgisches Landeshauptarchiv (BLHA), Rep. 8 Stadt Lübben Nr. 5596, Schreiben ohne Blattnummer

[59] Berlin-Görlitzer-Eisenbahn, 13. September 1986 – 120 Jahre Eisenbahn in Cottbus

[60] Historisches Ortslexikon für Brandenburg, Teil IX Beeskow-Storkow, Verlag Klaus-D. Becker Potsdam 2011, S. 38

[61] Paul Friedrich Puls / Wendisch Buchholz, Pechhütten, Kreis-Kalender Beeskow-Storkow 1937, Druck Knüppel & Haeseler Beeskow, S. 38

[62] Alwin Arndt, Die Teerschwelerei in der Niederlausitz, Niederlausitzer Mitteilungen, XIX. Band, Erste Hälfte, 1929

[63] Alwin Arndt, Zur Vegetationsgeschichte der Niederlausitz, Niederlausitzer Mitteilungen, Guben 1925, Band XVII, S. 51

[64] Oberst a. D. Jahn / Köthen, Der Köthener See und die Haide-Seen, Kreis-Kalender Beeskow-Storkow 1929, Druck Knüppel & Haeseler Beeskow, S. 30

[65] Aus 1000-Jahre-Spreewald-Doerfer.de / Krausnick vom 30.05.2006

[66] Kopie der Erlaubnis der "Königlichen Hofkammer, Berlin, den 7. März 1882, Nr. 1623" und der Briefanschrift vom 15.3.1892 - Sammlung Heinz Witzsch / Freiwalde

[67] Torsten Richter, Rettung für den Luchsee, Lausitzer Rundschau vom 21.06.2007, S. 13

[68] Franz Müller, Wahrheiten und Sagen über den Hungrigen Wolf und die Neue Schenke, Heimatkalender 1998 Königs Wusterhausen und Dahmeland, S. 46

[69] vergl. Franz Müller, Aus der Geschichte der Dörfer und Rittergüter Oderin und Briesen, Heimatkalender 2007 Königs Wusterhausen und Dahmeland, S. 71

[70] vergl. W. Erxleben / Krausnick, Die "Wasserburgh" im Unterspreewald, Königl. Bibliothek Berlin, 1911

[71] Sammlung Horst Zwingenberger† / Märkisch Buchholz, Kopie 2011 von P. Reusche / Krausnick, Oesterreicher in Krausnick im Jahre 1757, Lausitzer-Landes-Zeitung vom 27. Juli 1924

[72] vergl. ebenda, ohne Seitenangabe

[73] vergl. Richard Lakowski & Karl Stich, Der Kessel von Halbe, Brandenburgisches Verlagshaus Berlin, 1998, die S. 56 & 88 und Max Pilop, Die Befreiung der Lausitz, VEB Domowina-Verlag Bautzen, 1986, S. 146 & beigefügte Karte der 1. Ukrain. Front vom 19. bis 25. April 1945

[74] Sammlung Heinz Witzsch, Freiwalde, Kopie des Klassenbuches von 1951, S. 207

[75] Sachsenschiene.net/bunker/Sperrgebiet.eu – Bunker und Militäranlagen dokumentiert, Genehmigung zur Nutzung liegt vom .... vor

[76] Vergl. Die Flugzeugführerschule A/B3 Guben auf www.jbg37.de

[77] Max Pilop, Die Befreiung der Lausitz, VEB Domowina-Verlag Bautzen, 1986, S. 146 & beigefügte Karte der 1. Ukrain. Front vom 19. bis 25. April 1945

[78] Brand: Flugplatz, mil-airfields.de/deutschland/flugplatz-brand-gssd, Auszug vom 02.08.2021

[79] ebenda

[80] ebenda

[81] Sammlung Heinz Witzsch, Freiwalde, Vortrag 20.10.2004 in Waldow bei Brand von Dipl.-Ing. Scheibe, Lübbenau, S. 5

[82] Sammlung Heinz Witzsch, Freiwalde, Niederschrift vom 05.03.2013 eines Gespräches mit einem ehemaligen Mitarbeiter des ABK Weimar

[83] Sammlung Heinz Witzsch, Freiwalde, eigene Niederschrift

[84] Brand: Flugplatz, mil-airfields.de/deutschland/flugplatz-brand-gssd, Auszug vom 02.08.2021

[85] Sammlung Heinz Witzsch, Freiwalde, Niederschrift zum Vortrag am 20.10.2004 in Waldow bei Brand von Dipl.-Ing. Scheibe aus Lübbenau

[86] vergl. Beitrag "Geschichte" unter Hardened Aircraft Shelter - Wikipedia

[87] Vergl. ebenda, Flugplatz Brand, Bunker und Militäranlagen

[88] Vergl. www.untergrund-brandenburg.de / GSSD Flugplatz Brand

[89] Luftfahrt im Kalten Krieg, FliegerRevue X von 2015, S. 141/142

[90] ebenda, S. 142

[91] ebenda, S.142

[92] Sammlung Heinz Witzsch, Freiwalde, Auszug von Ehemaliger Militärflugplatz Brand/Briesen aus www.wikimapia.org

[93] Sammlung Heinz Witzsch, Freiwalde, Vortrag 20.10.2004 in Waldow bei Brand von Dipl.-Ing. Scheibe, Lübbenau

[94] Mit Unterstützung von S. Frenzel, Bautzen

[95] vergl. den Artikel "Andere Lebensarten kennenlernen", Lausitzer Rundschau vom 27.06.1996, S. 13

[96] vergl. Artikel: Altlasten in der Spreewaldregion, BLICKPUNKT vom 28.04.1994, S. 3

[97] vergl. Detlev Simsch, Florierendes, wo die Bomben waren, Lausitzer Rundschau 25.04.1994, S. 7

[98] Detlev Simsch, Viel zu tun vor den Toren Berlins, Lausitzer Rundschau vom 14.12.1993, S. 3

[99] vergl. zum Straßenbau: Lausitzer Rundschau vom 15.09.2006, S. 11 / Lausitzer Rundschau vom 28.05.2010, S. 11 / BLICKPUNKT vom 21.04.2012, S. 1

[100] FUGRO CONSULT GMBH Umwelt-Geotechnik-Analytik, ProjektbeschreibungU1-2-6

[101] ebenda

[102] Vergl. Die Startbahn wird abgetragen in Lausitzer Rundschau vom 05.08.1998, S. 11

[103] vergl. CL 21 - Die CargoLifter Werft, SIAT Architektur + Technik, München 2001, S. 124

[104] vergl. ebenda CL 21, S. 110

[105] vergl. LIFTER NEWS, Ausgabe November 2001, S. 1

[106] Artikel: Uns macht dieses Risiko Spaß, Lausitzer Rundschau vom 18.05.2000, S. 5

[107] Vergl. Flugplatz Brand - Wikipedia, unter wikipedia.org / Einsichtnahme 30.10.2012, S. 3

[108] Besucherzentrum "TROPICAL", Wochenkurier vom 07.04.2004, S. 10

[109] Peter Jähnel, Eine Riesenbadewanne für den Tropenpark Brand, Lausitzer Rundschau vom 16.08.2004, S. 4

[110] Jan Hornbauer, Tropenparadies eröffnet, WOCHENKURIER vom 15.12.2004, S. 1

[111] vergl. Tropische Momente, Tropical Island Management GmbH, 15910 Krausnick, S. 1-20

[112] Vergl. Flugplatz Brand - Wikipedia, unter wikipedia.org / Einsichtnahme 30.10.2012, S. 3

[113] Ronald Bahlburg, 500 Millionen Euro für Tropical Islands, Lausitzer Rundschau 16.07.2012, S. 1

Aus folgenden Presseerzeugnissen sind weitere Daten zu Tropical Islands entnommen: Lausitzer Rundschau vom 30.012015, 22.07.2015, 21./22.05.2016, 18.07.2018, 13.12.2018, 08.09.2020, 02.04.2020, 05.08.2020, 19.11.2020, 14.06.2021 und dem BLICKPUNKT 41/2016, 21/2016

Notizen: